复旦卓越·21世纪管理学系列

物料管理
理论与实务

吕文元 著

复旦大学出版社

内 容 提 要

本书按照"生产任务目标—物料采购计划—物料库存管理"这一主线,从物料管理的目标、任务和流程入手,介绍了物料管理组织机构的设计、物料采购计划的制定等内容,涵盖了物料订购策略和仓储管理的新技术,并辅以供应链管理的应用案例,提升了教材的实用性。

本书可作为高等院校工业工程、信息管理、工商管理、管理科学与工程等专业的教材,也可用于企业物料管理人员的培训。

本书旨在介绍物料管理的理论和方法,并提高物料管理经理物料管理的实务能力。

本书的内容包括:(1)物料分类,物料管理任务、内容和流程。(2)物料管理组织机构的设计,详细介绍生产管理部门、采购部门、仓储部门三个部门的归属关系。(3)物料消耗定额的定义,以及消耗定额在编制物料需求量时的作用;利用定额计算法和MRP制定物料采购计划。(4)物料订购策略,经济订购批量的计算、考虑安全库存量的再订购点的计算、P系统中最高库存量的计算。(5)采购制度、物料验收的流程和管理办法,掌握领发退料管理和盘存管理。

由于物料管理涉及环节众多,任务烦琐,加之作者学识有限,错误在所难免。敬请广大读者批评指正。

第一章 物料管理概况 ……………… 1
学习目标 …………………………… 1
第一节 物料管理的目标和意义 ………… 5
第二节 物料管理的任务和工作内容 ……… 6
第三节 物料管理流程 …………………… 8
本章小结 ………………………………… 10
习题 …………………………………… 11

第二章 物料管理组织结构设计 ………… 12
学习目标 ………………………………… 12
第一节 企业组织结构设计的原则 ……… 13
第二节 分权式组织 …………………… 17
第三节 集权式组织 …………………… 20
第四节 混合式组织 …………………… 21
第五节 采购部门的内部分组 …………… 21
本章小结 ………………………………… 26

习题 ………………………………………… 27

第三章 物料采购计划制定及采购流程 ……… 29

学习目标 ………………………………………… 29
第一节 物料消耗定额 ………………………… 30
第二节 物料供应计划编制 …………………… 38
第三节 物料采购的流程 ……………………… 42
第四节 应用MRP制定物料采购计划 …… 45
本章小结 ………………………………………… 49
附录3-1 采购制度及案例分析 ……………… 51
附录3-2 物料验收管理的规章、办法及
制度实例 ……………………………… 59

第四章 物料的订购策略 ………………………… 69

学习目标 ………………………………………… 69
第一节 订购策略 ……………………………… 70
第二节 经济订货批量模型 …………………… 74
第三节 周期检查模型 ………………………… 88
本章小结 ………………………………………… 93
习题 ……………………………………………… 93

第五章 物料的仓储管理 ………………………… 95

学习目标 ………………………………………… 95
第一节 物料的验收入库 ……………………… 96
第二节 领发退料管理 ………………………… 98
第三节 物料盘存管理 ………………………… 104

第四节　智能库存管理及其新技术……… 111

本章小结…………………………………… 116

习题………………………………………… 117

附录 5-1　领料与发料管理办法………… 118

附录 5-2　退料管理办法………………… 121

第六章　物料管理综合案例分析
——惠普公司供应链管理……… 125

第一节　惠普公司概况…………………… 125

第二节　喷墨打印机的供应链管理问题
…………………………………… 130

第三节　配送流程的优化………………… 134

第四节　解决库存服务危机的头脑风暴
…………………………………… 136

第五节　对策提出………………………… 138

参考文献……………………………………… 142

第一章
物料管理概况

1. 了解物料、物料管理的重要概念；
2. 掌握物料管理的内容、目标和任务；
3. 了解物料管理的业务流程。

王经理因工作需要更新办公室的1台笔记本电脑、1台台式电脑。由于王经理就职于事业单位，购买计算机需要通过政府采购。于是他委托采购负责人采购标准配置型号的笔记本，但台式电脑需要定制——加4G内存，不需要显示器。采购负责人告诉王经理，"内存条价格与显示器价格差不多。你这

种型号的台式电脑也是 5 300 元。笔记本报价是 6 300 元""由于政府采购压价太低,供应商没有利润空间,仅提供少数型号的机型"。

当采购负责人在政府采购网选购完计算机,3 天以后,标准配置的笔记本到货,王经理问采购负责人:"台式电脑什么时间到货?""至少还需要 1 周时间,因为这是定制的电脑,所以出货速度没有标配的快。"采购负责人回答。

又过了 1 周,台式电脑也到了。王经理委托计算机中心技术人员验货。打开箱子发现主机接口的设计已经改变,无法连接到现有的显示器上。采购经理说加上一个转换器即可,但要另外付费。王经理说:"我买的是标准产品,不兼容问题应该由供应商负责,否则我就退货。"最后采购经理答应由他负责与供应商联络免费要来转换器。

1 周以后,转换器到了,合同与发票也到了。于是技术人员连接上台式电脑,检验内存大小,以及内存条与机器的兼容性。技术人员告诉王经理"确实加了 4G 内存,新加内存条兼容性也好"。

"不是内存条加上去就行吗?"王经理问。

"不是的,有时新增内存条不兼容,出现显示不稳定。""一般的内存条不会出现那种情况,但是两根内存条如果工作频率不一样,电脑会把高频的内存自动降至跟低频内存同样的频使用,所以性能下降了。另外不同规格的内存,可能采用的芯片也不同,容易造成运行时不稳定,如常死机,常弹出一些莫名的错误窗口等。"听完技术人员介绍,王经理才明白增加内存条还有技术要求,不是简单随便买一条插进去就行。

王经理后来进入戴尔公司主页,发现同机型的台式机是4 400元,笔记本5 500元,比他采购的价格便宜近1 000元。记得单位采购人员说的是"政府采购压价太低,供应商没有利润空间"。王经理不明白为什么会出现这种情况。

报销也是个很烦琐的过程:登入单位财务网络系统,填写请购单,发短信请经费主管审批和开支票,最后拿着支票、采购合同和发票去财务报销。虽然王经理与经费主管关系不错,毕竟未经请求就采购,王经理预感会遭受经费主管批评甚至驳回申请……

思考题:

1. 王经理说,"我买的是标准产品,不兼容问题

应该由供应商负责。"如何看待这件事。为什么采购经理同意由他负责与供应商联络免费要来转换器?

2. 描述采购的流程,政府采购与直接采购相比有哪些优点、缺点?

3. 请问一个合格采购经理需要哪些技能和品行要求?

4. 如何检验货物?

5. 举例说明你购买商品的经历,遇到过什么问题,又是如何解决的?你的购买商品经历给你带来什么经验与教训?

当年度生产计划确定后,物料管理部门,通常是采购部门/仓储部门,围绕年度生产计划,依据物料消耗定额,计算物料需求量,并制定年度物料供应计划。在此基础上,根据各种物料的库存量和库存要求,制定年度物料采购计划。同时,做好物料库存管理以及领发料管理,按生产作业计划及时供料,保证生产所需各种物料的供应。

为了完成年度生产任务,需要哪些种类的物料(订什么)?这些物料需求量是多少(订多少)?如何购买这些物料(订购策略)?向谁购买这些物料(供应商管理)?如何管理好这些物料(仓储管理)？物料是发放到生产单位还是让用料单位领取(领发退料管理)？这些都是物料管理的主要问题。

第一节　物料管理的目标和意义

什么是物料？生产所需要的一切东西即是物料。按用途分，广义的物料分为原材料、辅助材料、燃料和动力、工具及修理备用件等，而不仅仅是原材料。按来源可分为自制物料、外购物料这两种。

物料管理的目标：保证生产所需物料的保质、保量及时供应。同时降低物料成本。

为什么要重视物料管理？事实上，物料管理的意义在于以下三个方面：

首先，做好物料管理工作，是企业生产任务按计划完成的前提与保障。任何一种物料不能及时供应，都会给生产带来不利的影响。可谓"巧妇难为无米之炊"，没有原材料就无法生产。

其次，做好物料管理工作，有利于降低产品成本。统计表明：机械产品的材料费用占成本的比重极大,一般可达60%~70%。加强物料管理,一方面,通过合理使用材料,降低材料的消耗;另一方面,建立合理的物料库存量物资储备,减少流动资金占用,加快资金周转速度。这两方面工作对产品成本的降低有着重要影响。

最后,物料管理对提高产品质量也有较大的影响。影响产品质量的因素很多,除了产品的设计、工艺的改进、新设备的采用之外,还取决于供应原材料的质量。

综上所述,物料管理是一项具有重要意义的管理工作。

第二节 物料管理的任务和工作内容

物料管理主要是指:①物料采购;②物料库存管理或仓储管理;③领发退料管理这三个方面内容。由于原材料占物料的主要部分,因此狭义的物料管理主要指原材料的管理。

对于制造业的物料管理部门,其任务和工作内容主要是:根据生管、物管、品管、工程、维护保养、研发等用料部门提出的请购单,经领导核准后,再办理购买各种不同种类及数量的物料。同时,将所采购的物料验收入库,并保证用料单位在需求的时间,领到需要数量的物料,保证生产任务完成。具体任务和工作内容如下:

(1) 根据生产计划和物料消耗定额,编制物料采购计划与供应计划。

(2) 对物料分类管理,确定正常的物料储备量定额。根据月生产进度,制定 A、B、C 三类物料的订购策略,各种物料保持合理的库存水平。

(3) 保证按期、按质、按品种、按数量,及时供应企业生产所需要的各种物料;注重余料的回收(退料管理),做好废料管理。

(4) 采购人员的行为规范与稽核;避免采购人员与供应商串通,提高采购价格。

(5) 供应商管理,包括供应商选择、供货商绩效评价与分析。

(6) 做好日常物料管理工作,包括:

- 自制与外包的分析与建议;
- 调查供应来源及购料市场;调查分析市场供需情况和价格变化;在此基础上,审核供货商报价,开展采购商务谈判;

- 指导与建议供货商有关采购事务及技术；与供货商洽商，安排参观工厂等事宜；
- 填制请购单，核对请购单的物料名称、规格、品质要求，并签订采购合同；
- 追踪供货商交货情况，并处理交货验收结果；
- 评估和改进采购方案，例如，采购需求计划与预算的拟订，采购品的价值分析以及对供货商的绩效作评估分析等；
- 领发退料管理；
- 盘点管理。

第三节　物料管理流程

负责物料管理的部门是采购部门和仓储部门，但是与生产部门、财务部门也密切相关。计划部门根据销售部门接到的客户订单，制定综合计划，综合计划分解即得到主生产计划（MPS-Master Production Schedule），主生产计划经过 MRP 运行后输出生产作业计划和物料需求计划（MRP-Material Requirement Planning）。

一方面，采购部门根据主生产计划和物料消耗定额制定年度采购计划;另一方面,采购部门根据生产部门的请购单,向供应商下达采购订单。供应商备货,并发货到仓储部门。仓储部门对货物检验和接收,对检验合格的物料开出付款凭证,以便财务部门付款给供应商。

生产部门根据物料需求计划,向仓储部门提出领料需求。仓储部门根据领料单,发料出库。仓储部门另一项重要工作就是成品管理。生产部门根据工票完成产品加工后,即进行产品入库,并根据销售部门的提货单给客户发货。为了保证账、物、信息一致,仓储部门会同生产部门、财务部门,定期开展库存盘点工作。具体流程见图1-1。

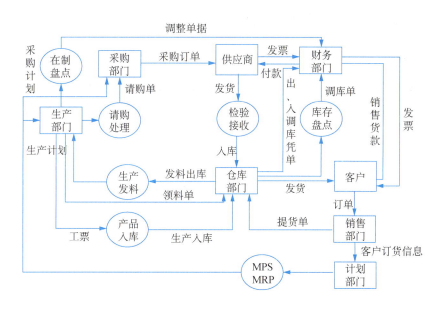

图1-1 物料管理业务流程

本章小结

1. 生产所需要的一切东西即是物料。按用途分,广义的物料分为原材料、辅助材料、燃料和动力、工具及修理备用件等,而不仅仅是原材料。按来源可分为自制物料、外购物料这两种。

2. 物料管理的目标:保证生产所需物料的保质、保量及时供应;降低物料成本。

3. 物料管理主要是指:①物料采购;②物料库存管理或仓储管理;③领发退料管理这三个方面内容。由于原材料占物料的主要部分,因此狭义的物料管理主要指原材料的管理。对于制造业的物料管理部门,其任务和工作内容主要是,根据生管、物管、品管、工程、维护保养、研发等用料部门提出的请购单,经领导核准后,再办理购买各种不同种类及数量的物料。同时,将所采购的物料验收入库,并保证用料单位在需求的时间,领到需要数量的物料,保证生产任务完成。

习题

1. 什么是物料？物料管理的目标是什么？

2. 什么是物料管理？物料管理有哪些具体任务和工作内容？

3. 请阐述物料管理业务流程。

第二章
物料管理组织结构设计

1. 掌握企业组织结构设计的原则；
2. 了解物料管理组织结构的类型；
3. 了解分权式、集权式、混合式等物料管理组织结构类型的优缺点和适用范围。

做好物料管理工作需要组织保障，即从制度保障与组织结构顶层设计上，确保物料管理有效运行。下面介绍如何按行业特点、生产任务、客户和内控需求，设计物料管理部门的组织结构，规定物料管理部门的职责、权力与归属关系。

第一章第二节指出，物料管理主要包括物料采购、物料仓储管理和领发退料管理这三方面工作。

因此,许多企业分别设有采购部门和仓储部门。由于采购工作好坏直接影响物料的成本、质量,以及物料是否及时供应。物料管理组织结构的类型,可以按采购部门在企业组织结构中的归属划分为分权式、集权式、混合式等类型。

第一节　企业组织结构设计的原则

企业组织结构设计的原则包括:层次分明的原则、管理幅度适当的原则、集中领导和分级管理相结合的原则、保证管理信息沟通的原则。

一、层次分明的原则

管理机构的层次主要表现在如何处理好两种关系,一种是上下层次之间纵的关系,其中包括行政隶属关系和业务指导关系;另一种是同一层次的各个部门之间横的关系。所谓层次分明就是指这两种关系要有明确的界限和管理职能的划分。

管理层次多少要根据生产的特点、生产的规模、生产技术复杂程度和管理工作客观需要而定。对于规模大的公司和工厂，管理层次可多一些，反之可少一些。组织结构只有明确的层次划分和密切协调配合的工作关系作保证，才能成为强大的组织手段。

二、管理幅度适当的原则

所谓管理幅度就是每一管理领导人所能领导的人数。管理幅度与管理层次有着密切的关系。当管理幅度增加时，管理的层次就可以减少，反之管理的层次则增多。

影响管理幅度的大小因素主要有三个方面：

1. 领导人的精力、知识、经验和能力

领导能力强，精力充沛，管理幅度可大些。否则就要增加管理层次，以避免由于管理幅度过大，难以及时解决和发现管理中的各种问题。从而保证有效地完成所属下级的管理工作。

2. 下属的精力、知识、经验和能力

如果下属能力强，则领导的管理幅度也可大些。

3. 管理的性质和所负责任的大小有关

如果管理工作属于战略性决策问题,难度大而且又涉及全局,由于这类决策复杂,对企业的长远发展有重大影响,因此管理幅度适当小一些。至于基层的管理幅度,由于管理工作多属重复性工作,处理的问题也比较简单,影响程度也比较小,可以适当增加。

一般讲来,企业的上层管理幅度,可确定为 3～9 人,基层在 8～30 人为宜。

三、集中领导和分级管理相结合的原则

一方面,现代化大生产需要各生产单位之间、各管理部门之间,以及生产单位与管理部门之间的生产和业务活动相互协调配合。因此,从有利于统一指挥出发,管理的权力要适当集中,避免出现或少出现各单位之间协作配合的失误。

另一方面,由于企业生产规模大,管理业务范围广,如果管理的权力过分集中,就难以解决各种管理业务中大量复杂的专业性非常强的问题。因此,针

对现代化大生产的特点,管理的权力又必须适当分散。

如何正确贯彻集中领导和分级管理原则,关键在于处理好管理权力集中和分散的关系。根据不同管理层次的需要,把管理的权力适当下放给各管理部门及职能单位,使它们有权力处理所属范围内的各种管理工作。同时,要求下属定期上报情况,尤其是重大情况及时上报。加强对下属的检查与监督工作,使下属工作不脱离集中统一的指挥。

四、保证管理信息沟通的原则

科学管理的建立、管理水平的提高和管理机构作用的发挥,在很大程度上取决于管理信息的准确性、及时性和全面性。健全的管理机构必须有完善的管理信息系统作保证,注意信息的沟通和传递,以满足各个管理层次对管理信息的需要。为此,应在组织结构设计时规定各部门的职责、各部门是否有专人负责信息的收集、接收、汇总和发送。

信息沟通不仅表现在信息自上而下,或者横向联系上,而且也表现在信息由下至上的反馈。为了及时了解下级的意见、想法和要求,以及工作过程中存在的问题、工作进度等情况,组织设计时要考虑如何便利上下级沟通与同级间的联系。当然,企业的各种会议,如生产调度会、年终评定会等,有助于发挥管理机构的作用,使管理水平不断提高。

尽管电话、电子邮箱、微信等新型通信工具极大地便利了信息沟通,但是各部门地理位置的接近性、各职能部门办公室距离很大程度上影响信息的沟通。因此,在全厂布局、同一办公室楼内各办公室安排上,要充分考虑到信息沟通便利性的问题。

第二节 分权式组织

一、采购部门归属于生产部

图 2-1 显示采购部门归属于生产部,其主要职责是协助生产部门,保障生产计划顺利进行。其工作重点是及时提供适质适量的原材料及零部件。

这种结构适合于生产导向的企业,其采购作业比较简单,且供应来源比较稳定。

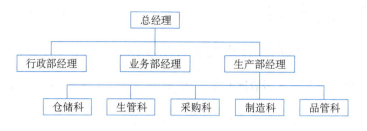

图 2-1　采购部门归属于生产部

二、采购部门归属于管理部

图 2-2 显示了采购部门归属于管理部,采购部门的主要任务是获得较低价格及较好的付款方式,以达到降低采购成本的目的。但是,有时采购部门为了争取较好的交易条件,有可能延误生产部门用料的时机,或购入品质不理想的料品。

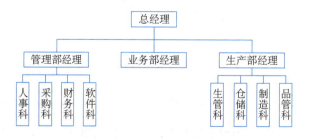

图 2-2　采购部门归属于管理部

由于采购部门独立于生产部,对生产单位产生制衡作用,可以发挥降低成本的效能。

采购部门归属于管理部,适合于生产规模庞大、料品种类繁多、价格变动频繁、采购工作必须兼顾企业产销整体利益均衡的情况。

三、采购部门归属于营销部

如图 2-3 所示,采购部门归属于营销部,这种模式适用于行销导向的企业,购入的物品经过简易加工,或包装等作业程序后即可销售。加工业、买卖业、产品代理业等非生产企业较多采用此模式。

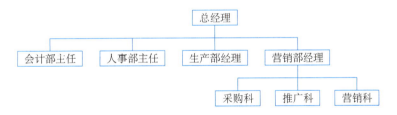

图 2-3　采购部门归属于营销部

四、采购部门归属于资材部

图 2-4 显示采购部门由资材部经理负责,其主要功能在于配合生产与仓储单位,完成物料整体的

供给作业。

采购部门归属于资材部,比较适合物料需求变动大、不易管制的企业,或采购部门需要经常与其他相关单位协商生产排程及密切配合物料供应的企业。

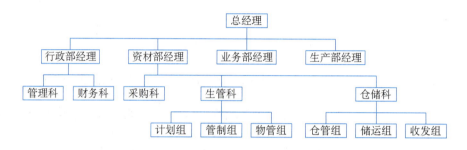

图 2-4　采购部门归属于资材部

第三节　集权式组织

图 2-5 显示采购部门直接归属于总经理,采购部门的主要功能在于发挥整体供料,以及降低采购成本的效能,使采购部门成为企业创造利润的部门之一。采购部门直接归属于高阶管理层,突出采购部门的地位与权力,因而责任重大。

采购部门直接归属于总经理,比较适合生产规模不大,但物料或物品占产销成品比率较高的企业。

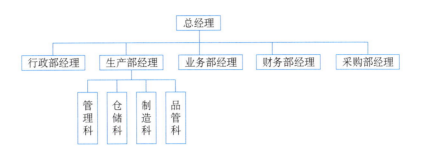

图 2-5　采购部门归属于总经理

第四节　混合式组织

混合式采购部门是指兼具分权与集权功能的部门。整体性及大宗采购、资材采购信息等采用集权方式管理。事业分部或地区需要的采购业务则采取分权方式办理。这种混合组织结构适合于大中型企业或集团公司。

第五节　采购部门的内部分组

采购部门的内部分组,是指将采购部门应负责的各项业务,按组进行分工。采购部门的内部分组

方式,可按物品类别分组、按采购来源分组、采购作业阶段分组等,具体说明如下:

一、按物品类别分组

图2-6中的采购科,按物品类别分别设立原料、燃料、设备、办公用品、维修等五组,而原料组可再细分为铅品、铜品、化学品、电器品及机械品组,交由不同的采购人员来承办。

按物品类别建立采购部门,采购人员会特别专精于其经办的项目,比较能够发挥其专业采购的能力,适用于采购物品种类繁多的企业。

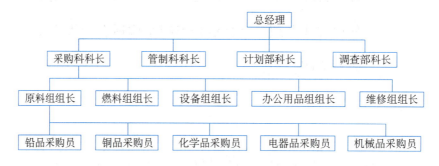

图2-6 某金属制造公司采购部门内部组织图

二、按采购来源分组

按物品的采购来源,分别设立国内采购科及国外采购科,主要是基于国内、国外采购的手续及交易对象有显著差异。这种采购方式对于采购人员有不同的工作条件要求,因而分别设立部门有利于管理。

如图2-7所示,国外采购部(即外购部)归属于业务处管辖,国内采购部(即内购部)归属于厂务处管辖,通常由其中一部门主办,另一部门协办,这样国内、国外采购才可通过比较成本、品质等的优劣而采取较有利的采购方式。

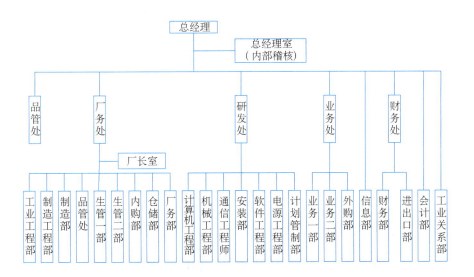

图2-7 某电子公司国内外采购部门的组织定位图

三、按采购作业阶段分组

如图 2-8 所示,按采购作业阶段分组的方式,是指按照采购作业阶段,将寻找供货商、询价、比价、议价、签约、催货、履约管理、验收、付款等项目,分由不同的采购人员办理,以此产生内部牵制作用,达到防止舞弊的目的。

各作业阶段均可安排具备相关采购专业背景的人担任,这样可以做到采购工作品质较高,但可能产生内部协调困难、采购周期过长等问题。按采购作业阶段进行分工并建立部门的方式,较适用于采购量较大、程序繁杂且作业过程较专业、交货期较长以及采购人员多的企业。

图 2-8 按采购作业阶段分组图

例 2-1　某塑料公司采购部组织图

图 2-9 所示为某大型塑料制品公司采购事业部

的内部分工图。其具体工作如下:

- 拟定采购计划与预算;
- 追踪与管理采购工作;
- 研究替代品;
- 预测价格与供给;
- 举办员工教育训练;
- 采购人员的绩效评估;
- 评选与评鉴供应商;
- 管理采购文书与档案;
- 集中统筹采购业务;
- 操作系统的改善与计算机优化。

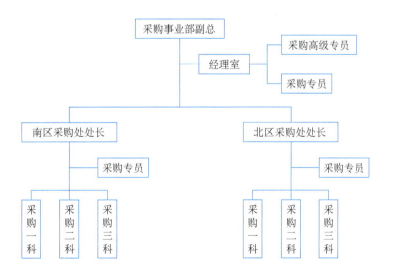

图 2-9 某大型塑料制品公司采购事业部内部分工图

企业规模较大,工厂分散,且各工厂的生产设备、原材料供应来源都具有独特性,差异较大。如果采用集中采购,容易耽误进度,影响生产部门的投料生产。因此,决定采用分散采购制。分设北区采购处和南区采购处,各自办理所需货品的采购事宜。各区按物品类别分组,如北区采购处下设采购一科、二科和三科,分别负责采购机械、电器和化学品。

本章小结

1. 企业组织结构设计的原则包括:层次分明的原则、管理幅度适当的原则、集中领导和分级管理相结合的原则、保证管理信息沟通的原则。

2. 物料管理组织结构的类型,可以按采购部门在企业组织结构中的归属划分为分权式、集权式、混合式等类型。

3. 分权式组织,又可细分为:①采购部门归属于生产部。采购部门归属于生产部,其主要职责是协助生产部门,保障生产计划顺利进行。其工作重点为及时提供适质适量的原材料及零部件。这种结构适合于生产导向的企业,其采购作业比较简单,且供应来源比较稳定。②采购部门归属于管理部。对生产单位产生制衡作用,发挥降低成本的效能。适合于生产规模庞大、料品种类繁多、价格变动频繁、采购工作必须兼顾企业产销整体利益均衡的情况。③采购部归属于营销部。这种模式适用于行销导向的企业,购入的物品经过简易加工,或包装等作业程序后即可销售。④采购部门归属于资材部。其主要功能在于配合生产与仓储单位,完成物料整体的供给作业。比较适合物料需求变动大、不易管制的企业,或采购部门需要经常与其他相关单位协商生产排程及密切配合物料供应的企业。

4. 集权式组织。采购部门的主要功能在于发挥整体供料,以及降低采购成本的效能,使采购部门成为企业创造利润的部门之一。采购部门直接归属于高阶管理层,突出采购部门的地位与权力,因而责任重大。采购部门直接归属于总经理,比较适合生产规模不大,但物料或物品占产销成品比率较高的企业。

习题

1. 企业组织结构设计有哪些原则?
2. 物料管理组织结构的类型有哪几种?
3. 分权式组织又细分为哪几种?每一种细分

组织结构有哪些优点,适用范围是什么?

4. 集权式组织采购部门的功能是什么?其适用范围是哪些?

第三章
物料采购计划制定及采购流程

1. 了解物料消耗定额的定义及作用；
2. 掌握主要原材料消耗定额的制定方法；
3. 了解企业编制物资供应计划的主要内容，重点掌握物资供应计划编制的方法；
4. 掌握应用 MRP 制定物料采购计划的原理和方法。

物料消耗定额是编制物料供应计划和计算物资需要量的依据。首先介绍物料消耗定额。其次介绍如何根据物料消耗定额和年度生产计划，制定物料供应计划。最后介绍如何根据企业当前各种物料库存量，调整物料供应计划，并制定出最终物料采购计划。

第一节　物料消耗定额

物料消耗定额是指在一定的时期内和在一定的生产技术条件下，为制造单位产品，或完成某项生产任务所必须消耗的物料数量标准。

物料消耗定额是编制物料供应计划和计算物资需要量的依据。如果没有消耗定额或者缺乏先进而可靠的消耗定额，就不可能真实地反映生产的物资需要量，从而引起采购与供应上的混乱，出现乱购乱订的现象。供应量过多或不足，都会给企业生产带来损失和浪费。

主要物料的消耗定额，以产品或其零部件为单位进行计算。辅助材料、燃料、动力等，以产品为单位进行计算比较困难。一般以某些与它们的消耗有直接关系的参数为依据和计量单位，确定消耗定额。这些计量单位有：产品的重量、加工工时、面积等。下面分别介绍主要原材料消耗定额的制定与辅助材料及其他材料消耗定额的制定。

一、主要原材料消耗定额的制定

主要原材料是直接构成基本产品实体的材料,它的消耗定额是按单位产品和分零件制定的。为了正确制定原材料消耗定额,首先必须了解原材料消耗的构成,各种消耗之间的关系以及定额内应包括的项目。企业主要原材料消耗的构成,如图3-1所示,由三部分组成,即有效消耗、工艺性损耗及非工艺性损耗。

图3-1 主要原材料消耗的构成

1. 有效消耗

有效消耗是指构成产品或零件净重部分的材料

消耗，也是保证产品达到规定的功能和技术要求所必需的材料损耗。

2. 工艺性损耗

工艺性损耗是指产品或零件在加工过程中，为改变它们的形状、尺寸和性能而产生的难以避免的损耗，如机械加工中的铁屑、锻造中的飞边、铸造中的冒口等。这部分损耗是由采用不同工艺加工方法和材料规格型号以及毛坯的特点所决定的。

3. 非工艺性损耗

非工艺性损耗是指由于技术上和非技术上的原因而造成一部分的原材料损耗，如废品损失、运输损耗、保管损耗等，其中有的属于正常的不可避免的损耗，有的则属于可以避免的损耗，它是由于管理不善、使用不当而造成的非正常的损耗。以废品损失为例，废品产生的原因有两种：一种是由于操作人员的工作责任心不强或不按规定的技术要求操作而产生的废品，这就属于可以避免的损耗；另一种是工艺技术本身还不可能完全保证所有产品的质量都达到规定的要求而产生的废品，如铸件的合格率通常比较低，其主要原因是铸造工艺目前在技术上还不能达到完全不生产废品的水平。

物料消耗定额主要是第一部分和第二部分物资消耗的总和,即有效的消耗和工艺性消耗。其他各种非工艺性损耗,不论是正常的还是非正常的损耗,一般都不应计算在物料消耗定额内。但是,考虑到物资管理水平,以及一部分非工艺性损耗难以避免的实际情况,为了补充这部分物料的损耗,应当在物料消耗定额的基础上,按一定的比例计入物资供应定额之内。

这样,就形成了两种材料定额,分别起着不同的作用:物料消耗定额是作为企业内物资管理部门根据生产任务向车间发料和进行核算的依据;物料供应定额是企业计算物资总需要量,向厂外有关部门进行申请和采购的依据。两者之间的关系,可用式(3-1)表示:

$$W_{供} = W(1 + \alpha_{供}) \qquad (3-1)$$

式(3-1)中:$W_{供}$——物资供应定额(千克／件);

W——物料消耗定额(千克／件);

$\alpha_{供}$——供应系数(%)。

例 3-1 铸件消耗定额的制定

铸件消耗定额由铸件毛坯重量和铸造过程工艺

性损耗的重量组成。对于几何形状比较简单的铸件,根据铸件毛坯图纸,按各部分形状尺寸计算出各部分体积,求和之后乘以材料比重求得。对于形状复杂的铸件,可通过铸件毛坯实测过秤求得,即对清理合格的铸件,过秤称出重量,每种铸件应称出一定件数后求其平均重量。

铸件消耗定额可利用式(3-2)求得:

$$W_{铸}=W_{铸毛}(1+a_{铸}) \qquad (3-2)$$

式(3-2)中:$W_{铸毛}$——铸件毛坯重量(千克);

$\qquad W_{铸}$——铸件消耗定额(千克);

$\qquad a_{铸}$——铸造过程工艺损耗占铸件毛重的百分比。

铸造过程工艺性损耗包括浇口、冒口、炉耗、氧化、飞溅铁水等,在计算消耗定额时,应把可回收部分去掉。

由于铸件是由多种配料熔炼而成,因此,在制定铸件消耗定额的同时,还要计算各种炉料的消耗定额。炉料消耗定额通常都按每吨合格铸件来确定。

生产一吨合格铸件所消耗的各种炉料可按式(3-3)确定:

$$W_{炉}=\frac{1\,000}{a_{成}}\rho_{炉} \qquad (3-3)$$

式(3-3)中：$W_炉$ ——某种炉料消耗定额(千克)；

$a_成$ ——合格铸件成品率(%)；

$\rho_炉$ ——该种炉料的配料比(%)。

设生产某种铸件，其合格铸件成品率为 70%，各种炉料配料比：生铁 53%，硅钢 3%，废钢 20%，回炉铁 24%，则各种炉料消耗定额为

$$W_{生铁}=\frac{1\,000}{0.70}\times 0.53=758\text{ 千克}$$

$$W_{硅钢}=\frac{1\,000}{0.70}\times 0.03=43\text{ 千克}$$

$$W_{废钢}=\frac{1\,000}{0.70}\times 0.20=286\text{ 千克}$$

$$W_{回铁}=\frac{1\,000}{0.70}\times 0.24=343\text{ 千克}$$

二、辅助材料及其他材料消耗定额的制定

(一) 辅助材料消耗定额的制定

辅助材料品种很多，应用范围也很广，通常按不同的计量单位，用经验统计法或实验测定法确定其消耗定额，即根据辅助材料的消耗量，以及相应的计量单位数，确定每计量单位的消耗量。具体的计量

单位有以下几种：

1. 单位产品

这是与产品数量有关的辅助材料，如包装用辅助材料，通常确定单位产品的包装材料消耗量。

2. 产品面积或重量

电镀、油漆、热处理等工艺过程用辅助材料，规定产品单位表面积或单位重量的消耗量。

3. 设备开动台时

这种计量单位适用于润滑油、磨料、冷却液等与设备开动有关的辅助材料，规定每单位设备开动台时的消耗量。

4. 工作人员

劳动用品（如工作服、手套等）按每个工作人员确定其消耗量。

5. 产品产量

凡是难以找出与上述参数有直接联系的辅助材料，可按单位产品产量规定其消耗定额。

有些辅助材料，与主要原材料消耗成一定比例，如型砂、填料、溶剂,可根据主要原材料消耗定额及辅助材料与主要原材料的比例,确定单位产品的辅助材料消耗量。

(二) 燃料、动力消耗定额的制定

燃料在生产中按用途分为两类,一类是工艺用燃料,另一类是动力用燃料。

- 工艺用燃料一般是按产品(或零件和毛坯)重量来计算消耗定额,如一吨铸件需要多少焦炭数量,每吨锻件需要多少煤炭。
- 动力用燃料是用以生产本企业需要的那一部分能源,如电力、蒸汽、煤气等。因此,动力用燃料应以每度电、每立方米蒸汽、每立方米煤气所消耗的燃料作为标准来确定它的定额。由于燃料的种类和质量的差异,它们的发热量各有不同。

为了定额计算的统一,消耗定额均应以标准煤来计算(7 000 千卡①/千克),当燃料具体种类和质量确定之后,再根据其发热量换算成实际的消耗定额。

企业动力消耗定额,如电、水、蒸汽、煤气、压缩

---

① 1 千卡=4.1868 千焦。

空气等,也同样根据不同用途和特点分别加以确定。例如,用于机械加工设备的电力,可以按开动台时和电动机的功率来确定电力消耗定额。

其他各类用途的消耗定额的确定,如工具和修理用备件亦可参照上述方式。

第二节 物料供应计划编制

物资供应计划是企业在计划期内为保证生产任务的完成,确定各种物资需要量而编制的计划,它是企业组织厂内物资供应工作,厂外进行订货采购的依据,是做好物资管理工作的重要手段。企业编制物资供应计划的主要内容有:确定各种物资的需要数量、编制物资计划平衡表以及物资申请计划和采购计划。

一、计算物资需求量

物资需要量是指企业在计划期内为满足生产经营活动各方面需要而应消耗的物资数量。它不仅包括基本生产的需要,也包括辅助生产、新产品试制、技术革新以及其他各种需要。

企业各种物资需要量,首先应按照不同用途和不同种类分别计算,然后再把同类物资合并汇总而得出。这里介绍定额计算法。

定额计算法是以物料消耗定额和工作任务量的大小为依据来确定物料需要的一种方法。这种方法具有准确可靠的优点。目前该法多用于基本生产的原材料和一部分有消耗定额的辅助材料需要量的计算。这种方法计算物资需要量的公式如下：

$$Q = NW(1 + a_{供}) \qquad (3\text{-}4)$$

式(3-4)中：Q——某种物资需要量；

N——工作任务量；

W——物料消耗定额；

$a_{供}$——供应系数。

供应系数 $a_{供}$ 是以百分比表示的物料消耗定额,以及其他各种消耗或损耗,如保管、运输、废品等损失。但是,可回收利用的损耗应从中减除。

从式(3-4)看出,计算物料需求量时,需要物料消耗定额数据。这就是为什么说,制定物料供应计划与采购计划,其依据不仅是年度生产计划,而且需要物料消耗定额数据。

二、编制物资计划平衡表

物资计划平衡表是编制物资申请计划和采购计划的基础。物资需要量是以计划期内生产任务作为主要依据计算的。但没有把期初和期末物资储备变化这个因素考虑在内。因此,它还不能直接用于编制物资申请计划和采购计划,必须经过对物资需要量、期初和期末物资储备量三个方面计算。编制物资计划平衡表之后,其所得的结果才能作为物资需要的数量,列入实际物资需求表之内。这就是物资需要量、物资计划平衡表和物资申请计划或采购计划三者之间的关系。

物资申请的数量可用式(3-5)表示:

$$Q_0 = Q - H_{01} + H_{02} \qquad (3-5)$$

式(3-5)中:Q_0——计划期某种物资申请数量;

Q——计划期某种物资需要量;

H_{01}——计划期初物资储备量;

H_{02}——计划期末物资储备量。

式(3-5)中有关计划期物资需要量的计算方法已经在前面介绍过了,现在仅就期初及期末物资储备量确定的一般方法介绍如下:

计划期末物资储备量的作用是为了保证下一个计划期生产任务的需要,预计在本计划期末物资储备的数量。由于物资储备是一个变量,允许在一定范围内变动。它的最大值是经常储备定额和保险储备定额之和,最低值是保险储备定额。因此不能以其中任何一个极限值作为期末物资储备量。

在通常情况下,当产品结构没有根本的变化,期末物资储备量可为库存储备定额的 $50\% \sim 70\%$。在特殊情况下,例如生产任务的变动、产品结构和加工工艺的改变,新旧产品的交替等,期末物资储备则可低于平均库存储备量。

计划期初物资储备量是上期末库存物资剩余量结转到计划期初的仍可继续使用的物资储备量。因此,它反映了上期末和计划期初实际库存物料数量。但是,由于组织订货、签合同、编制物资供应计划等工作,通常需要在计划期前 2~3 个月就开始进行,所以无法取得上期末库存的实际数字,只能采取概算的方法求得。概算的公式如下:

$$H_{01} = H'_{01} + Z_1 - Z_2 \qquad (3\text{-}6)$$

式(3-6)中:H_{01}——本期末,或下一计划期初物资储备量;

H'_{01}——编制物资计划时实际库存储备；

Z_1——至本期末预计进货数量；

Z_2——至本期末预计消耗数量。

三、编制物资采购计划

企业根据已编制的物资平衡表所得的结果，就可以按物资管辖范围，提出物资申请计划和采购计划，并组织上报和落实。

第三节 物料采购的流程

物料采购的流程如图 3-2 所示。首先将综合计划分解，得到主生产计划。主生产计划、库存信息以及物料清单（BOM）作为物料需求计划（MRP）输入，输出物料需求计划表，该计划回答以下问题：什么时间需要？需要什么物料？每种物料量是多少？

采购部门除了根据年度生产计划，制定年度采购计划之外，还经常受用料单位委托，采购生产急需物料或者零星物料。采购部门进行采购，其作业包括：要求供应商报价，通过比价、采购谈判，与供应商签

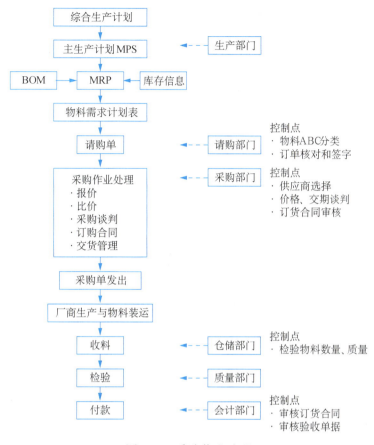

图 3-2 采购作业流程

订订购合同。合同里详细规定物料名称、规格、质量等级、数量以及交货期限,并且约定延期交货处罚条款以及付款方式。对于采购部门而言,采购作业的控制点包括:供应商选择与定期审核,价格与交期的约定,订货合同的审核,以及对重要物料订单的跟催。

供应商货物运输到厂后,仓储部门会同采购部门,以及质量部门对物料进行验收,检验物料数量、质量。对不合格产品向领导汇报,领导确认与签字后退回。

物料管理理论与实务

接收的货物开具付款凭证,会计部门凭此将货款付给供应商。进料验收单具体内容见表3-1。具体物料采购制度可参见附录3-1、附录3-2。

表 3-1 进料验收单

收料日期: 年 月 日		交货者				
统一发票 No.						
物料编号	品名规格		单价	交货数量	实际接收数量	
接收状况:				验收良品数		
				不良品交换数		
				实际付款总数		
				检验报告编号		
		付款金额	金额			
		扣除金额		科目		
		尚残付款金额				
订购单 No.			出纳	厂务部经理	备注:(不良品数)	收料
请购单 No.		经理	会计科长	物料科长	品管科长	
总经理						

第一联:品管科;第二联:财务部;第三联:会计科;第四联:物料科;
第五联:采购科;第六联:先送物料计划员后送回采购科。

第四节　应用 MRP 制定物料采购计划

第三章主要介绍手工编制物料供应计划方法，考虑到 MRP 系统广泛应用，本节举例说明如何应用 MRP 制定物料采购计划。

例 3-2　材料需求量的计算及订购计划的制定

某产品结构如图 3-3 所示。

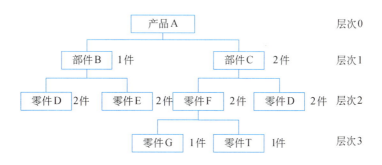

图 3-3　产品树型结构层次图

由上图可知，D 件既是 A 产品中的两个父体件 B 及 C 的子件，又是其他产品的通用件。因此，在表 3-2 中除计算了 A 产品对 D 件的需要量外，还计算了其他产品对 D 件的需要量。

表 3-2 物资需要计划的计算表(一)

D件需要量	时间(周)										
	1	2	3	4	5	6	7	8	9	10	…
D件需要量(部件B)	150				150				150		
D件需要量(部件C)			300				300				
其他产品D件需要量	10	10	10	10	10	10	10	10	10	10	
合计	160	10	310	10	160	10	310	10	160	10	

由于 D 件不是外购件,而是自制件,已知 D 件现有库存量 60 件,第 1 周预计出产量 500 件。D 件的加工批量为 500 件,生产投入提前期 2 周。每件 D 的材料消耗定额为 2 千克。除了 D 之外,其他部件生产也需要与 D 件同类的材料,具体见表 3-3。材料订货批量为 2 500 千克,材料的订货提前期 2 周。材料的库存量为 1 500 千克。试求出制造 D 件和其他件的同一种材料需要量、订货数量和时间,以及进货的数量和时间。

表 3-3 其他部件生产需要与 D 件同类的材料

时间(周)	1	2	3	4	5
其他部件与 D 件需求同类材料	500	600	100	400	300
时间(周)	6	7	8	9	10
其他部件与 D 件需求同类材料	500	200	700	500	400

解:通过表 3-4 的计算,得出制造 D 件和其他件的同一种材料需要量:第 3 周需要 2 500 件,第 7 周需要 2 500 件。订购计划是分别在第 1 周、第 3 周订购 2 500 千克材料。

表 3-4 物资需要计划的计算表（二）

时间（周）	1	2	3	4	5	6	7	8	9	10	…	备注
D件需要量（件）	160	10	310	10	160	10	310	10	160	10		加工批量：500件
D件出产量（件）	500				500				500			投入提前期：2周
D件库存量 60（件）	400	390	80	70	410	400	90	80	420	410		材料消耗定额：2千克/件
D件投入量（件）			500				500					材料订货量：2 500千克
D件材料投入量（千克）			1 000				1 000					订货提前期：2周
其他与D件同类材料投入量（千克）	500	600	100	400	300	500	200	700	500	400		
共计材料需要量（千克）	500	600	1 100	400	300	500	1 200	700	500	400		
材料库存量（千克）	1 000	400	1 800	1 400	1 100	600	1 900	1 200	700	300		
材料进货量（千克）			2 500				2 500					
材料订货量（千克）	2 500				2 500							

1. 编制物料采购计划时需要哪些资料？BOM表、材料消耗定额、年度生产计划表、采购提前期、库存量等信息在编制物料采购计划时起了什么作用？

2. 比较分析手工编制物料采购计划和应用MRP编制物料采购计划的差异。

3. D物料消耗定额为2千克/件，请问这是物料消耗定额，还是物料供应定额？

1. 物料消耗定额是指在一定的时期内和在一定的生产技术条件下，为制造单位产品，或完成某项生产任务所必须消耗的物料数量标准。物料消耗定额是编制物料供应计划和计算物资需要量的依据。

2. 企业主要原材料消耗的构成由三部分组成，即有效的消耗、工艺性损耗及非工艺性损耗。

3. 物资供应计划是企业在计划期内为保证生产任务的完成，确定各种物资需要量而编制的计划，它是企业组织厂内物资供应工作，厂外进行订货采购的依据，是做好物资管理工作的重要手段。企业编制物资供应计划的主要内容有：确定各种物资的需要数量、编制物资计划平衡表以及物资申请计划和采购计划。

4. 应用 MRP 编制物料采购计划，需要 BOM 表、材料消耗定额、年度生产计划表、采购提前期、库存量等信息。

附录 3-1 采购制度及案例分析

采购工作需要公司规章制度指导与规范。作为采购经理,或者负责采购工作的生产经理,需要制定相应的采购制度,落实采购工作。请思考以下几个问题,来分析与学习下面的采购制度实例。

思考题:

1. 请购单应包括哪些重要信息?

2. 如何选择供应商?

3. 哪些部门需要订购单的信息?并分析 5 联订购单去向。

A 企业的国内采购管理办法实例

1. 本公司国内采购作业需按本办法办理。

2. 国内采购计划员根据季生产计划排定物料计划,并计算本月份应采购数量。

3. 根据采购经理批准后的采购计划,在当月填写请购单(表 3-5),一式二联,经采购经理核章后第一联送至国内采购科办理采购事宜,第二联送采购计划员存档。

表 3-5　请购单

日期:__年__月__日					编号:
项目	物料编号	品名规格	请购数量	交期	备注
采购经理		物料科长		填表	

本表一式两联。第一联:物料科;第二联:采购科。

4. 国内采购科接到第一联请购单后,应根据品名、规格积极寻找供应厂商,原则上每一物料应寻找 2 家以上的供应厂商,其必须具备的资格如下:

(1) 必须是有营业执照的公司;

(2) 必须承做过其他公司的相关零件,且在持续供应者。

国内采购科承办人在订购前应切实调查该厂商的信用程度、交货情况、制造能力、品质情况,并将供应厂商资料表一式两份填妥呈采购经理批示认可后,一份交国内采购科保存,一份交总经理室保存。

对于特殊规格物料、每年使用量很大的物料以及独家供应的物料,在采购前更需注意加强对供应厂商的调查工作,必要时须协同开发部工程师与品管人员前往调查。

5. 供应厂商确定后,根据开发部所提出的零件规格图,通知该供应厂商按照图纸试做样品,并请其估价。样品经开发部工程师认可后,就合格厂商的估价单进行比价。比价时应考虑要点如下:

①原则上采用报价最低者;②就厂商的交货期限、付款条件、信用状况、品质情况等实质条件作为选择的因素;③将决定交易厂商的估价单以及其他厂商的估价单,一并呈总经理批准,必要时须附其他必要的说明。

6. 经比价决定厂商后,内购科应和该厂商议价,经双方同意后,正式通知该厂商开模试做,并将样品提交开发部,经工程师实际测试认可后,国内采购科承办人方可正式发送订购单(表3-6、表3-7)给该厂商,并请其按开发部认可后的样品交货。

表 3-6　订购单(第 1 页)

厂商：				编号：		
地址：				订货日期：		
电话：				请购单编号：		
项目	物料编号	品名规格	单位	数量	单价	合计

货款总额：

交货日期：　　　　交货地点：

交 易 条 件

1. 交期：

　　承制厂商必须切实遵守本订购单确定的或本公司采购科电话或书面通知调整的交期，若有延误的情形，每逾一日扣除该批货款＿＿＿＿％。

2. 品质要求：

　　（1）检验方法：MIL-STD-105D 表正常检验单次抽样计划；

　　（2）AQL。

3. 品质保证期限：入厂后三个月。

4. 退货：

　　检验后如果发现有品质不良或物品损坏时，承制厂商接到通知后三日内应将该退货部分运回并尽速补运，逾期如有遗失本公司概不负责。

5. 检验费用：特别采购时检验费用由承制厂商负担。

6. 其他：

　　（1）承制厂商送货时应附＿＿＿＿％样品；

　　（2）市场价格普遍下降时承制厂商应相应降价，并从接获本公司采购科通知时生效；

　　（3）交货时请在送货单上注明本订购单单号，并附上统一发票，送货单发票上也应注明本公司物料编号。

承制厂商 公司章	委制 厂商	总经理	经理	科长	承办人

第一联：采购科；第二联：厂商；第三联：财务部。

表 3-7　订购单(第 2 页)

厂商：			编号：			
地址：			订货日期：			
电话：			请购单编号：			

项目	物料编号	品名规格	单位	数量	单价	合计

货款总额：　　万　　仟　　佰　　拾　　元

交货日期：　　　　交货地点：

项目	月/日	付款数量	订单余额	进料验收单编号	发票号码	备注	付讫章

承制厂商公司章		委制厂商	总经理	经理	科长	承办人

第四联：呈采购计划员后转送成本科；第五联：收料处。

7. 订购单一式五联经承办人员核章后送内购科编号，并呈送科长、厂务经理、总经理核章后退回原承办人员,将订购单通知厂商。厂商在订购单上签章同意后,第一联由国内采购科存查,凭此登记"物料订购及进厂进度控制表"(见表3-8)以作为进料控制之用,第二联由厂商存查,第三联由国内采购科承办人区分厂商等级后送财务部,第四、第五联送采购计划员。

表3-8 物料订购及进厂进度控制表

物料编号：						品名规格：				使用机型：		
请购单编号	订购日	厂商	电话	订购单编号	单价	订购数	答应交货日期	交货日	交货数量	进料验收单编号	实际付款总数	本订单余额	备注

8. 国内采购科承办人员接到采购计划员送来的第一联"采购计划接收数量交期的调整",将调整后的数量交期填入物料订购及进厂进度控制表,国内采购科即利用"采购计划接收数量交期一览表"(见表3-9)作为催料与控制交期的依据。

物料科收料员除根据第三联"采购计划接收数量交期一览表"严格控制厂商的交货外,国内采购科承办人员于接到进料验收单后必须将交货内容记入物料订购及进厂进度控制表,凭此核对交货数量与交期是否按照要求供应,若不相符时应立即向厂商催料。

9. 送厂物料在入库使用前均须经过抽样检验,以判定进料的品质水准。抽样计划一律采用 MIL-STD-105D 抽样计划正常检验标准,并依据品管科所订的"进料检验各种零件允收水准(AQL)"进行检验工作。抽检结果不良数在允收范围之内的予以接收,其余抽验的物料在三个月内发现不良品的,将退回厂商或提出更换要求。

表 3-9 ( )月份采购计划接收数量交期一览表

物料编号	品名规格	计划接收数量	分批接收数量交期	厂商	备注

厂务部经理　　　　　物料科长　　　　　制表

10. 进料经检验后发现的不良品,内购科接到品管科送来的物料检验报告(见表 3-10)后,必须立即通过电话和发文的方式通知厂商,将统一发票号码、进料验收单编号以及检验情形、不良状况通知厂商,并请其于三日内办理退货。

表 3-10 物料检验报告

厂商	物料编号：	订购单编号：
	品名规格：	发票号码：
	批量：	验收单编号：
		交货日期：

检 验 结 果
检验日期：　　　　　　　　样本数： Ac　　　　Re　　　　　样本不良数： 原因分析：
意见栏　□退厂商　□返工　□全检　最后决定 　　　　□退代理厂　□暂用　□其他
品管科长　　物料科长　　开发部工程师　　接收数量： 　　　　　　　　　　　　　　　　　　退货数量：
备注

第一联：品管科；第二联：厂商；第三联：采购科；第四联：物料科；第五联：开发部。

11. 生产线发现不良品时，在该厂商下次交来同类的物料经品管检验后，由收料处收料员取出该不良品与检验后的良品更换。对于不常交易厂商，由物料计划员通知厂商前来交换，必要时须会同采购人员办理。

12. 本办法经核准后实施，修正时亦同。

资料来源：王文信.采购管理[M].厦门：厦门大学出版社，2008：49-55.

附录 3-2　物料验收管理的规章、办法及制度实例

实例一：A 公司进料验收管理办法

1. 本公司对物料的验收及入库均依本办法办理（图 3-4）。

2. 供应厂商送交物料时必须填写送货单，一式二联，详细写明送货内容与订购单号码，连同统一发票与所送交的物料送到收料处。

3. 收料员核对统一发票、订购单与送货单无误后，再核对厂商资料卡确认（见表 3-11）是否有超交的现象。收料员在核对无误后，在送货单一式两联上签章，将第一联送货单交供应厂商作为送货的凭证，第二联由收料员保存。将送货单的内容转记入厂商资料卡内。

4. 收料员将进料验收单（见表 3-12）的号码抄录在每一批物料货品上（若包装成数箱，每箱均应抄录进料验收单号码），同时在送货单上填写进料验收单号码与收料日期。

5. 收料员根据送货单第二联填记进料验收单（表3-12）一式六联，并载明下列项目：

（1）物料编号；

（2）品名规格；

（3）交货人名称；

（4）统一发票号码及年月日；

（5）交货数量；

（6）实际接收数量；

（7）订购单号码；

（8）收料日期。

6. 收料员若发现送来的物料混有其他物料或其他特殊情况时，必须在进料验收单接收状况栏内写明，作为品管检验的参考。

7. 收料员填入必要内容并核章后将进料验收单第六联送物料计划员，第一至五联送品管检验人员以便于进料品质检验工作的进行。

8. 物料计划员根据进料验收单第六联在"物料订购、运输、接收记录"（表3-13）上填写进料验收单编号、收料日期以及接收记量后将进料验收单第六联立即送往采购部门。

9. 品质检验后将良品总数填入进料验收单第一至五联，经主管核章后，第一联进料验收单由进料品质检验单位自存,第二至五联送收料员将交货实况填入厂商资料卡交货资料各栏后,将进料验收单第二至五联连同统一发票送仓储员办理入库手续。

10. 仓储员核对物料数量与良品总数是否相符,安排物料进入仓库后在进料验收单第二至五联良品总数栏盖仓库接收章,将进料验收单第二至五联送请物料主管核章。

11. 物料主管核章后的进料验收单第五联送往采购部门,第四联送物料计划员,登记良品总数并计算订购单余额于"物料订购、运输、接收记录"后将进料验收单第四联转送料账员。料账员根据进料验收单内良品总数转记入存量管制卡(表3-14)入库数量栏,并填具入库日期与进料验收单号码后存查。

12. 进料验收单第二、三联连同统一发票送会计部门作为付款的凭证。

13. 采购部门收到外购品入厂单(表3-15)时立即将所附的发票影印一份给物料部门,经物料计划员登记"物料订购、运输、接收记录"后转送收料处收料员。在物料运达时,收料员根据影印的发票,核对入厂的外购品,并将交货实况填入厂商资料卡。内购品进料验收程序与外购品处理程序相同。

14. 超交的内购品以退回为原则,也可考虑让厂商寄存,而不作进料验收的处理。

15. 收料员根据每天的进料情形填写物料外仓暂收品日报表(表3-16),一式四联,第一联由收料员自存,第二联送物料计划员,第三联送品管科,第四联送采购科。

16. 本办法经总经理核准后实施。修正时亦同。

资料来源:王文信.仓储管理[M].厦门:厦门大学出版社,2012:61-67.

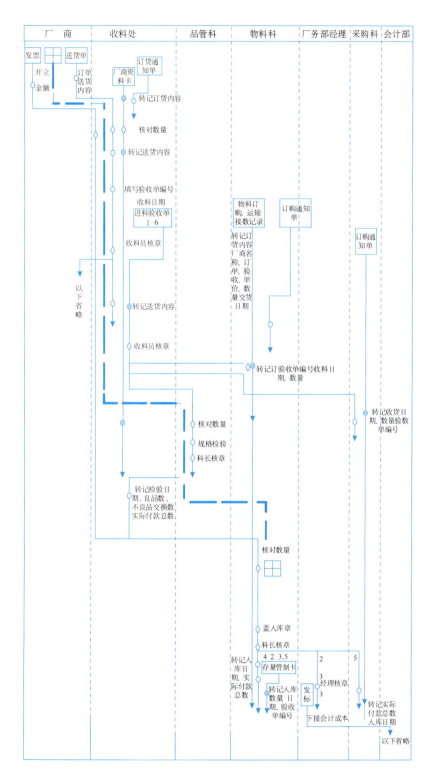

图 3-4 厂务部内购品收料及进料事务流程图

表 3-11　厂商资料卡

物料编号：　　　　　　　　品名：　　　　　　　　规格：　　　　　　　　使用机型：

订购日期	厂商	订单号码	单价	订购数	预定交货期	电话	交货资料								备注
							交货日	验收单编号	交货数量	发票号码	检验日期	验收良品数	不良品交换数	实际付款总数	本订单余额	

表3-12 进料验收单

收料日期： 年 月 日

统一发票 No.		交货者		
物料编号		品名规格	交货数量	实际接收数量
接收状况：			验收良品数	
			不良品交换数	
			实际付款总数	
			检验报告编号	
	单价	金额	科目	备注：(不良品数)
订购单 No.	付款金额			
请购单 No.	扣除金额			
	尚残付款金额			
总经理	经理	会计科长	出纳	厂务部经理	物料科长	品管科长	收料

第一联：品管科；第二联：财务部；第三联：会计科；第四联：物料科；
第五联：采购科；第六联：先送物料计划员后送回采购科。

第三章 物料采购计划制定及采购流程

表 3-13 物料订购、运输、接收记录

使用机型：　　　　　　物料编号：　　　　　　品名规格：

订购日期	厂商名称	订购通知单编号	单价	订购数量	答应交货日期	运输状况				接收状况				本订单余额	备注
						数量	运输方式	运输日期	发票号码	估计到达日期	收料日	进料验收单编号	入库日期	入库数量	付款数量		

表 3-14　存量管制卡

位置： 代用品： 单位：　　品名规格：			物料编号：			
			最高存量	最低存量	安全存量	
入库日期	进料验收单号码	入库数量	出库数量		库存结余	备注
			直接需求	非直接需求		

表 3-15　外购品入厂单

年　月　日　　　　　　　　　　No.

物料编号	品名规格	厂商	发票号码	数量	单位	备注

第一联：厂务自存；第二联：物料科收料处

第三章　物料采购计划制定及采购流程

表 3-16　物料外仓暂收品日报表

年　月　日　　　　　　　　　　　　　　　　　　　　　　　　共　页　第　页

品名规格	昨日结存	今日暂收单			验收单 No.	检验结果分析			今日结存
		订单 No.	厂商	数量		良品缴库	不良品退回	不足数	

厂务部经理：　　　　　　　　　　　　　科长：　　　　　　　　　　　　制表：

第一联：收料处自存；第二联：物料计划员；第三联：品管科；第四联：采购部。

第四章 物料的订购策略

 学习目标

1. 了解订购策略种类,重点掌握 Q 系统、P 系统的订购原理、优缺点及适用范围;

2. 重点掌握经济订货批量模型(Economic Order Quantity)和周期检查模型(Periodic Review Model)这两个模型订购时机和订购量的计算方法;

3. 掌握安全库存量大小的计算方法。

前面所介绍的物资供应计划是以年度生产计划为依据而编制的,它反映企业在一个比较长的期间内对物资的总需要量,而日常生产对物资的需求依靠库存储备量来保证。为了使物资供应不间断,物资供应部门要及时对库存储备进行补充。这就涉

订购策略的问题。下面介绍订购策略。

第一节 订购策略

常见的订购策略有三种:

一、固定量系统

所谓固定量系统(即 Q 系统)是指订货点和订货量为固定的库存控制系统,如图 4-1 所示。

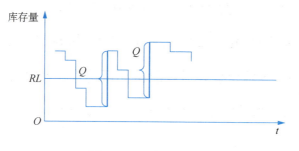

图 4-1 固定量系统

当库存下降到预定的订购点(Reorder Level,RL)时,系统就向供应商发出订单,每次订货量都是固定量 Q(一般为经济订购批量,具体计算见第四章第二节经济订购批量模型 EOQ)。经过一段时间之后收到订货,库存水平上升 Q。

提前期是指发出订货单至收到货物的时间间隔,包括订货准备时间、发出订单、供应方接受订货、供应方生产与产品发运、产品运输、产品到达、提货、验收、入库等过程。提前期一般为随机变量,这就是为什么确定订货点时要考虑安全库存的原因。安全库存(Safety Stock,SS)也称安全存储量,又称保险库存,是指为了防止不确定性因素(如大量突发性订货、交货误期等特殊原因)出现而预计的保险储备量(缓冲库存)。

为了确认现有库存量是否达到订货点 RL,须随时检查库存量,并随时发出订单。这样虽然增加了管理工作,但是好处在于库存量受到严格控制。因此,固定量系统适用于重要物资的库存控制。

为了减少管理工作,实际为采用双仓系统(two bins system)。所谓双仓系统是将同一种物资分放两仓(或两个容器),其中一仓使用完之后,库存控制系统就发出订货。在发出订货后,就开始使用另一仓物资,直到到货再将物品按两仓存放。

固定量系统的优点:由于每次订货之前要详细检查和盘点库存(看是否降低到订货点),能及时了解和掌握库存动态,并严格控制库存量。

固定量控制系统的缺点:对于物资种类多且订货费用高的情况很不经济,因此固定量系统通常应用于重要物资、重要零配件的管理。

二、固定间隔期系统

为了弥补固定间隔量系统管理工作量大的不足,提出了固定间隔期系统(P 系统)。该系统是每经过一个固定的时间段 T,则发出一次订货,订货量为将现有库存补充到预定的值 S,见图 4-2,当经过固定间隔期 T 时,发出订货,这时的库存为 L_1,订购为 $Q_1=S-L_1$,经过 LT 到货,库存为增加 Q_1,再经过固定间隔期 T 之后,又发出订货,这时库存量降到 L_2,订货量为 $Q_2=S-L_2$,经过一段时间 LT 后到货,库存量增加 Q_2。

固定间隔期系统的优点:不需要随时检查库存量,只要按固定间隔期订货即可,各种不同的物资又可以同时订货,从而简化了管理,也节省了订货费。所以固定间隔期系统在实践中广泛应用。

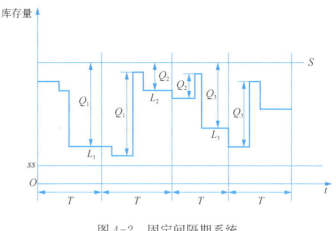

图 4-2　固定间隔期系统

固定间隔期库存控制缺点：当前库存水平 L 很高时，订货量少，很不经济。

三、最大最小系统

前面介绍 Q 系统时，已指出当 L 很高时，订货量少，不经济。为了克服这一点提出了最大最小系统。该系统在固定间隔期系统的基础上，再增加一个订货点 s。当经过时间间隔 T 时，如果库存量降到了 s 以下，则发出订货；否则再经过时间 T 后再考虑是否发出订货。最大最小系统本质上讲是一种固定间隔期系统。

系统图如图 4-3 所示。当经过间隔时间 T 之后,库存量降到 L_1,L_1 小于 s,发出订货,订货量为 $S-L_1$,经过一段时间 LT 到货,库存量增加 $S-L_1$。再经过时间 T 后,库存量降到 L_2,L_2 大于 s,不发出订货。再经过时间 T,库存量降到 L_3,L_3 小于 s,发出订货,订货量为 $Q_3=S-L_3$,经过一段时间 LT 到货,库存量增加 $Q_3=S-L_3$。如此循环。

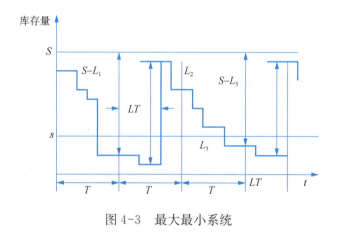

图 4-3　最大最小系统

第二节　经济订货批量模型

上一节介绍的三种订购控制系统,定性地回答了订购系统中何时订货和每次订多少这两个最主要的问题。本节介绍经济订货批量模型和周期检查模型,说明这两个模型如何定量地计算确定出订购时机和订购量。

经济订货批量模型(Economic Order Quantity, EOQ)产生于 1915 年,最早是由哈里斯(F. W. Harris)提出。库存控制目的是在库存服务水平与库存费用之间寻求平衡点。所以在讨论库存模型前,首先讨论库存相关费用分析。

一、问题描述

如图 4-4 描述的经济订货批量模型,企业库存初始量为 Q,库存以恒定速率即 d 需求率消耗,当库存到达订货点 RL 时,发出订货且订货量为 Q,经过提前期 LT 之后,企业库存消耗到零,此时订货到达,库存瞬间补足到 Q。问题是 Q 为多少时,企业的总成本最低呢?

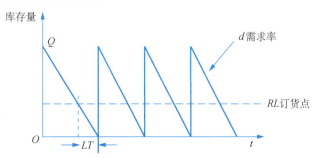

图 4-4 经济订货批量模型下的库存量变化

为了求出最小成本，我们需要分析在库存期间的总成本包括哪些内容：

1. 维持库存费

维持库存费（holding cost），记为 C_H，是维持库存必需的费用。包括资金成本、仓储空间的费用、税收和保险、物品变质和陈旧化损失等。

- 资金成本：资金成本是维持库存物品本身所需要的花费。库存的资源本身有价值，库存占用这部分资金造成机会成本损失。

- 仓储空间费用：包括建造仓库、配备仓储有关设备设施，以及仓库的供暖、照明、维修等开支。随着第三方物流发展，企业将仓储功能外包给专业物流公司，虽然节省了仓储费用，但相应地要支付租赁仓库的费用。

- 物品变质和陈旧化损失：物品仓储过程中如药品过期，变质等；以及由于技术进步导致产品快速更新换代、产品贬值，典型的如芯片这类电子产品。

- 税收和保险：不同地区的税率和评估办法有所不同。一般根据一段时期内的平均库存水平来收取税费。保险费用是根据一段时间内的风险估计值或损失值来确定的。损失风险取决于产品价值大小及存储设备。例如,对于容易被盗的贵重产品和危险产品而言,它们的保险费用就很高。此外,保险费用也会受到设施条件的影响,如使用安全监控和自动喷淋消防系统或许有助于降低风险,因而会降低企业的保险费用。

2. 订货费用

订货费用(reorder cost),记为C_R。订货费用与下订单、货物到达之后的验收入库活动有关。包括与供应商谈判、准备订单以及收货检查等。

3. 采购费用

采购费用(purchasing cost),记为C_P。采购费用即为采购物品的费用,与产品单价和订货数量有关。

4. 缺货费用

缺货费用(shortage cost),记为C_S。反映失去销售机会带来的损失、信誉损失以及影响生产造成的损失。它与缺货多少、缺货次数相关。

二、经济订货模型的假设条件及符号

根据以上对经济订货模型有关问题的描述,提出以下假设条件:

(1) 采用固定量系统;

(2) 市场需求率为恒定,年需求量以 D 表示,单位时间需求率以 d 表示;

(3) 订购均无价格折扣;订购的货物及时到达,不存在缺货情况;补充率为无限大,全部订货一次交付;

(4) 订货提前期已知,且为常量;

(5) 维持库存费是库存量的线性函数。

有关符号如下:

Q:经济订购批量;

D:年总需求量;

d:需求率(件/天);

S:单次订货费用(元/次);

H:单位产品的库存费用[元/(件·年)];

C_H:维持库存费用;

C_P:采购费用;

C_R:订货费用;

C_S:缺货费用;

C_T:总的库存费用。

三、模型的建立与求解

由于需求是以需求率 d 消耗库存,平均库存为 $Q/2$,且假定维持库存费与库存量现行比例关系,因此维持库存费 $C_H = H \cdot Q/2$;年需求率为 D,经济订货批量为 Q,年订货次数为 D/Q,且每次订货费为 S,因此订货费用 $C_R = S \cdot D/Q$;由于假定不存在缺货损失,即 $C_S = 0$;C_P 与订货批量大小无关,仅与单价 P 与年需求量 D 有关,因此购买费 $C_P = P \cdot D$ 为常量。

年库存总费用是以上 4 种费用之和,见式(4-1),即:

$$\text{年库存总费用} C_T = \text{维持库存费} C_H + \text{购买费} C_P + \text{订货费} C_R + \text{缺货损失费用} C_S \tag{4-1}$$

$$\begin{aligned} C_T &= C_H + C_P + C_R + C_S \\ &= H \cdot Q/2 + P \cdot D + S \cdot D/Q \end{aligned} \tag{4-2}$$

将各项费用与订货批量 Q 的关系描绘如图 4-5 所示。由于采购费用 $C_P = P \cdot D$ 是常量,与 Q 无关,因此优化 Q 时可以不考虑 C_P。总费用 C_T 曲线为 C_H 曲线与 C_R 曲线叠加。当订货批量 Q 增加时,平均库存增大,相应的维持库存费用增加。另一方面,当 Q 增加时,年订货次数减少,订货费用减少。因此,有一最优 Q 值,使得总费用最低。

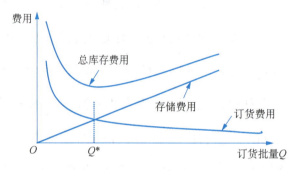

图 4-5 库存各项费用与订货批量 Q 的关系

为了求出最优经济订货批量 Q^*,使得总库存费用 C_T 最小,将式(4-2)对 Q 求导,令 C_T 一阶导数为零,即可得经济订货批量 Q^*:

$$Q^* = \sqrt{\frac{2DS}{H}} \tag{4-3}$$

假定提前期和需求率已知为常量,可得订购点 RL:

$$RL = d \cdot LT \tag{4-4}$$

由式(4-3)可知,经济订货批量随单位订货费 S 增加而增加,随单位维持库存费 H 增加而减少。可以理解为:难采购的物品一次订货批量要大一些,占用资金量大,价格昂贵物品则订货批量小,这些都与人们的常识一致。

例 4-1 某款注射针头的需求量是 1 000 单位,每次的订货费是 10 元/次,库存保管费是 0.5 元/(单位·年)。试求经济订购批量。

解:已知 $D=1\,000$ 单位;$S=10$ 元/次,$H=0.5$ 元/(单位·年),则:

$$Q^* = \sqrt{\frac{2DS}{H}} = \sqrt{\frac{2(1\,000)(10)}{0.5}}$$

$$= \sqrt{40\,000} = 200(单位)$$

经济订购批量为 200 单位。

课堂练习 4-1:

S 公司以单价 10 元每年购入某种产品 8 000 件。每次订货费用为 30 元,资金年利息率为 12%,单位维持库存费按所库存货物价值的 18% 计算,每次订货的提前期为 2 周,试求经济订货批量、年订购次数、订货点、最低年总成本。假定 1 年 = 52 周。

解：$P=10$ 元/件，$D=8\,000$ 件/年，$S=30$ 元。$LT=2$ 周。H 则由两部分组成：一是资金利息，二是仓储费用，即 $H=10\times12\%+10\times18\%=3$ 元/(件·年)。

因此，

$$Q^*=\sqrt{\frac{2DS}{H}}=\sqrt{\frac{2\times8\,000\times30}{3}}=400(\text{单位})$$

年订货次数：

$$n=\frac{D}{Q^*}=8\,000/400=20\ \text{次}$$

订货点：

$$RL=d\times LT=(D/52)\times LT$$
$$=(8\,000/52)\times2\approx307.7(\text{单位})$$

最低年总费用为：

$$C_T=P\cdot D+(D/Q)\cdot S+(Q/2)\cdot H$$
$$=8\,000\times10+(8\,000/400)\times30+(400/2)\times3$$
$$=81\,200(\text{元})$$

通常情况下，企业会设置一定的安全库存，以便满足客户的额外需求，从而保证规定的客户服务水平。之所以设置一定的安全库存量，原因在于：客户的需求是变化的，而非我们所假定的均匀需求；订货的提前期由于供应商无法按时供货、运输延误等原因,也存在不确定性。

因此计算再订购点(RL)包括两个部分,一部分是客户需求期望值,即客户需求率为 d,以及提前期 LT 已知的情况下,计算出的客户平均需求。另一部分是安全库存量 SS,即企业为满足客户可能增加的订货量或者订购货物不能按时到达额外增加库存量。所以再订购点(RL)可表示为:

$$RL = d \cdot LT + SS \quad (4-5)$$

图 4-6 描述了订购点和服务水平关系。所谓服务水平指顾客订货得到完全满足的次数与订货发生的总次数的比值。如服务水平为 95%,即顾客订购 100 次,有 95 次完全满足顾客需要。

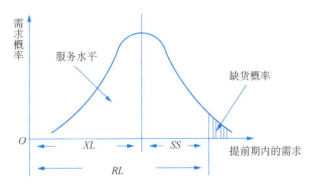

图 4-6 提前期内需求的概率分布

提前期内客户的需求均值 $u = d \cdot LT$，提前期内客户的需求量的标准差 $= \sigma_{dLT}$，由于 $SS = x - u$，$Z = \dfrac{x-u}{\sigma_{dLT}}$。因此，

$$SS = Z\sigma_{dLT} \qquad (4-6)$$

图 4-7 是订购点、库存量和安全库存三者关系图。

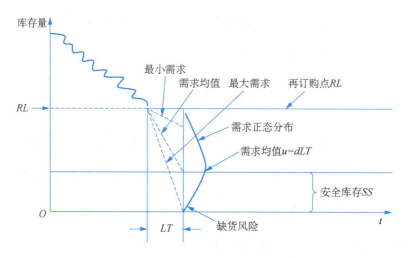

图 4-7　订货点和库存量关系图

例 4-2　已知平均需求 = 200 箱/天；提前期 = 4 天；每天需求的标准差 = 150 箱。每次订货费用 20 元/次，单位库存成本 2 元/年·箱。试求经济订货批量及要求服务水平为 95% 情况下再订货点的大小。（假定每年营业 50 周，每周营业 5 天。）

解：$Q = \sqrt{\dfrac{2DS}{H}} = \sqrt{\dfrac{2 \times 5 \times 50 \times 200 \times 20}{2}}$

$= 1\,000$（箱）

$$RL = (\bar{d} \times LT) + Z \times \sqrt{LT \times \sigma_d^2}$$

$$= 200 \times 4 + 1.65 \times \sqrt{4 \times 150^2} = 1\,295(箱)$$

$$n = \frac{D}{Q} = \frac{5 \times 50 \times 200}{1\,000} = 50(次)$$

系统决策准则：只要库存位置降到 1 295 箱，就向供应商订货 1 000 箱，每年需要订货 50 次，并且订货时间间隔为 5 天。当然，两次订货之间的实际时间会随着需求而变化。我们称这种决策系统为 Q 系统，Q 系统未来 16 天计算如表 4-1 所示。

表 4-1　Q 系统计算表　　单位：箱

天数	实际需求量	实际库存量	在途量	总的库存量	订购数量	接收数量
1	111	1 100		1 100	1 000	
2	217	989	1 000	1 989		
3	334	772	1 000	1 772		
4	124	438	1 000	1 438		
5	0	1 314		1 314		1 000
6	371	1 314		1 314		
7	135	943		943	1 000	
8	208	808	1 000	1 808		
9	315	600	1 000	1 600		
10	0	285	1 000	1 285	1 000	
11	440	1 285	1 000	2 285		1 000
12	127	845	1 000	1 845		

(续表)

天数	实际需求量	实际库存量	在途量	总的库存量	订购数量	接收数量
13	315	718	1 000	1 718		
14	114	1 403		1 403		1 000
15	241	1 289		1 289	1 000	
16	140	1 084	1 000	2 048		

$Q=1\,000$ 箱，$RL=1\,295$ 箱

表 4-1 中，第 2 天的实际库存量为 989 箱，低于再订购点 $RL=1\,295$ 箱，为什么第 2 天不下订单呢？原因在于：除了实际库存量，另有 1 000 在途量。

总的库存量＝实际库存量＋在途量＝989＋1 000＝1 989＞1 295。

所以第 2 天不下订单，第四章第一节谈到 Q 系统中库存量一旦降低到订货点就下订单。这里的库存量不是实际库存量，而是包括在途量的总库存量。

上例中服务水平 95％时，$z=1.65$，安全库存量 $SS=1.65\times300=495$。如果服务水平 98％时，$z=2.055$，安全库存量 $SS=2.055\times300\approx617$。服务水平 99％时，$z=2.325$，安全库存量 $SS=2.325\times300\approx698$，比 95％的服务水平安全库存量整整提高了 $(698-495)/495\approx41\%$。管理部门对于服务水平以及库存水平之间的权衡要慎重。

思考题：

1. 顾客是上帝，要做好客户服务工作，我们要保证客户100％的供货水平。试从服务水平与库存量之间关系分析这个服务口号的科学性与必要性。

2. 平均需求＝200箱/天，每天的标准差＝150箱。请问如何得到？

课堂练习 4-2：

某商场对大屏幕液晶电视的需求服从正态分布 $N(52, 2^2)$，每天需求标准差是2台，提前期恒定为10天，服务水平保持在95％。求解这家店的订购点是多少？

解：由题可知 $\bar{d}=52$ 台/天，$\sigma_d=2$ 台，$LT=10$ 天，服务水平为95％，则在 $Z=1.65$，则：

$$RL = \bar{d} \times LT + Z \times \sigma_d \times \sqrt{LT}$$
$$= 52 \times 10 + 1.65 \times 2 \times \sqrt{10}$$
$$= 520 + 10.4 \approx 530.4（台）$$

思考题：

以上是在提前期内服务水平已知，d 和 LT 都是常量且相互独立的情况下计算 RL,如果提前期内需求率(d)和提前期(LT)不符合这种假定条件时,我们如何计算 RL 呢?

第三节　周期检查模型

周期检查模型(Periodic Review Model)又称为 P 模型,该模型解决如何确定(s,S),以及订购间隔期 T,满足库存服务水平的同时降低库存费用。

例 4-3　例题 4-2 中已知 $EOQ=1\,000$ 箱,每天需求 $d=200$ 箱/天。所以,在需求稳定的假定条件下,最优的检查间隔时间:

$$T=\frac{Q}{d}=\frac{1\,000}{200}=5 \text{ 天}$$

$$\begin{aligned} RL_p &= m' + s' \\ &= (T+LT)\times d + z \cdot \delta' \\ &= (5+4)\times 200 + 1.65 \times \sqrt{(5+4)\times 150^2} \\ &= 1\,800 + 1.65 \times 450 \\ &\approx 2\,543(\text{箱}) \end{aligned} \quad (4\text{-}7)$$

这里的 RL_P 其实就是 (s,S) 中的 S。

P 系统决策计算如表 4-2 所示。

表 4-2 P 系统计算表

天数	实际需求量	实际库存量	在途量	总的库存量	订购数量	接收数量
1	111	1 100		1 100	1 442	
2	217	989	1 442	2 431		
3	334	772	1 442	2 214		
4	124	438	1 442	1 880		
5	0	1 756		1 756		1 442
6	371	1 756		1 756	786	
7	135	1 385	786	2 171		
8	208	1 250	786	2 036		
9	315	1 042	786	1 828		
10	0	1 513		1 513		786
11	440	1 513		1 513	1 029	
12	127	1 073	1 029	2 102		
13	315	946	1 029	1 975		
14	114	631	1 029	1 660		
15	241	1 546		1 546		1 029
16	140	1 305		1 305	1 237	

$T=5$,$RL=2\,543$

从表 4-2 可以看出,应用 P 系统进行库存管理,即每 5 天下一次订单,订购数量是将现有库存量补充到规定的水平 2 543。这里规定的水平 2 543,即是第四章第一节中固定间隔期系统中的 S。值得注意的是：现有库存量，除了实际库存量之外，还包括已订购但尚在运输途中，还未入库的量。这部分库存称为在途库存(Pipeline Stock，PS)。

P 系统需要 $1.65 \times 450 \approx 743$ 箱作为安全库存，而对于相同服务水平的 Q 系统，只需要安全库存量为 $1.65 \times 300 = 495$ 箱。可见，对于同样的服务水平，P 系统的安全库存量高于 Q 系统。原因在于：P 系统要保证 $P+LT$ 期间的供货，而 Q 系统只需要防止 LT 期间的缺货即可。

思考题：

为什么 P 系统要保证的供货期为 $P+LT$，而不是 P？

比较 P 系统与 Q 系统，见例题 4-2 和例题 4-3。可以看出：固定量系统要对库存连续盘点，一旦库存水平达到再订购点，立即进行订购。相反，固定间隔期系统仅是在盘点期进行库存盘点。P 系统由于固定的订购时间，具有较少的库存记录的优点。但是从平均库存量以及安全库存量上看，P 系统要高于 Q 系统。两者对比可以归纳为表 4-3 所示。

表 4-3　固定量控制系统和固定间隔期控制系统比较分析

特征	固定量控制系统	固定间隔期控制系统
订购量	Q是固定的	Q是变化的
何时订购	当库存量降到再订购点	在盘点期到来时
库存记录	每次出库都做记录	只在盘点期记录
库存大小	小	大
维持所需时间	由于记录持续，所以较长	较短
安全库存量	小	大

思考题：

如何在实践中应用 Q 系统和 P 系统？

当必须按指定的间隔进行订货和送货时，则使用 P 系统。如每周把罐头食品送到食品店。当从同一供应商订购多种货物，并且同时运回来时，应该使用 P 系统。这种情况下，供应商更愿意将这些货物合成一个订单。另外，P 系统使用那些不保持永久纪录的廉价物品。如制造过程中使用的螺母和螺栓。

实际应用时，还可以混合应用 P 系统和 Q 系统。当进行定期检查时，如果库存位置高于订货点，就不订货。如果库存量小于订货点，就订货，并将库存位置补充到最大指标水平。

按库存的作用分类,库存可分为哪几种?

按库存的作用分类,库存可以分为周转库存、安全库存、在途库存和调节库存。

1. 周转库存

周转库存(Cycle Stock,CS):也称为经常库存,是一种周期性变化的库存。当在一批物料入库后达到最高点,随着生产的消耗,到下一批物料入库前降低到最低。周转库存的大小取决于每次采购物料的数量。

2. 安全库存

安全库存(Safety Stock,SS):也称为保险库存,是为了防止需求和供应的非预期变化可能带来的物料短缺而保持的库存,其大小受需求和供应的不确定性和期望的服务水平的影响。

3. 在途库存

在途库存(Pipeline Stock,PS):在运输途中,尚未入库的订购量。

4. 调节库存

调节库存:是针对生产与供应的不均衡而设置的,例如,季节性需求的产品,尽管淡季需求极少,但为了生产能力的均衡,还是要安排生产,生产出来的产品作为调节库存,以备旺季需求。调节库存又称为季节库存(Seasonal stock)、预期库存(anticipation inventory),有时是为了工人休假日及因设备计划检修需要事先储备的物料。

本章小结

常见的订购策略有三种:①固定量系统(Q 系统);②固定间隔期系统(P 系统);③最大最小系统。固定量系统指当库存下降到预定的订购点时,系统就向供应商发出订单,每次订货量都是固定量 Q。固定间隔期系统是指每经过一个固定的时间段 T,则发出一次订货,订货量为将现有库存补充到预定的值 S。最大最小系统仍是一种固定间隔期系统,只不过它需要确定一个订货点 s;当经过时间间隔 T 时,如果库存量降到了 s 以下,则发出订货;否则再经过时间 T 后再考虑是否发出订货。

1. 什么是 Q 系统?如何计算 Q 大小?

2. 什么是 P 系统？如何计算最大库存量 S，如何计算订购周期 T？

3. 什么是安全库存量？如何计算安全库存量大小？

第五章
物料的仓储管理

 学习目标

1. 了解物料仓储管理的内容；
2. 了解物料验收入库的流程及具体管理办法；
3. 掌握领、发、退料作业的流程及具体管理办法；
4. 了解库存 ABC 分类及盘存管理办法；
5. 了解仓储管理的新技术。

根据制定的物料采购计划完成订购工作之后，即进入物料的仓储管理环节。物料的仓储管理主要包括物料的验收入库，领、发、退料管理，以及物料盘存管理工作。对于生产上急需物料，或者迟迟未到物料，则还要做跟催工作。

第一节　物料的验收入库

供应商将物料送到仓库后即开始验收工作。验收工作核心是检验物料的品质和数量，目的在于确保物料的品质。

物料从进厂、抽样检验判定为允收还是退货，到最终的入库和财务的结账，涉及多个环节和多个部门。具体流程见图5-1所示。要注意对抽样检验判定不合格的物料需要领导审批是有条件接收还是退货，以及对于送到生产单位后发现的不合格物料则要退回仓库，并在厂商下一次送货时用这些不合格品交换合格品。

物料验收管理的规章制定和具体管理办法可参见附录3-2。

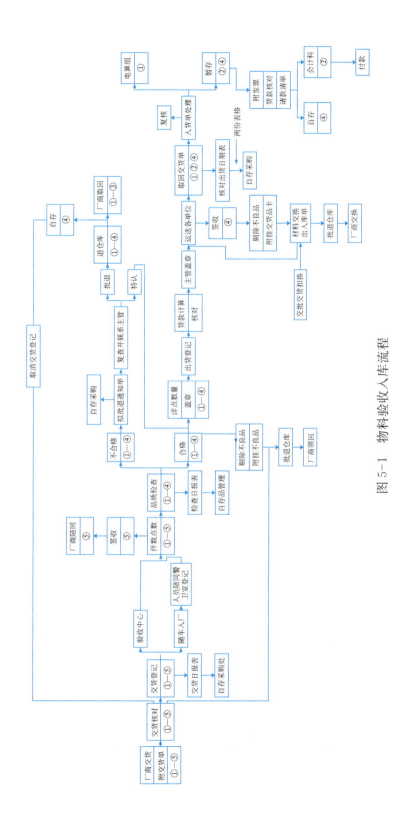

图 5-1 物料验收入库流程

第二节　领发退料管理

物料验收入库后,相关部门(生产、研发等)可依据需要,填写领料单据至库房领料,此即领料作业。如果仓库依据工单,主动配发物料至生产部门,此即发料作业。领料作业和发料作业通称为领发料作业。

一、领料管理

领料是指制造部门的人员在产品制造之前填具领料单,注明名称、规格、用途、编号等项目向物料仓库单位领取物料的过程,即由制造部门负责领料的人员,开具经由用料主管核章后的领料单赴物料仓储部门进行领取物料的作业流程。

领料方式对物料控制不是很严格,在以下情况下才采用领料方式,而不是发料方式:

(1) C 类物料,种类多价值少,可以不严格控制而采用领料方式;

(2) 生产计划经常变更、物料计划做得不好、进

料经常延迟。这些原因致使物料很难采取主动掌握的发料方式,因而采用领料方式;

(3) 物料的间接需求,如制造部门维修不良品所需要的零部件,以及设计部门所需要的零部件;

(4) 领料方式已经采用多年,不想改变。

领料作业一般程序如下:

(1) 生产单位物料缺乏时,填写领料单申请领料;

(2) 需经生产单位主管签核同意;

(3) 生产单位向仓库领料;

(4) 由仓管人员将领料单第一联送至生产单位,其余的三联送交至厂务单位、库房的料账处理单位及会计单位;

(5) 领料单交给厂务单位,厂务单位再审核是否有异常状况,如有异常状况,检讨其原因并加以改善。具体见图 5-2 所示。

二、发料管理

仓储部门根据生产计划,将仓库储存的物料直接向制造部门的生产现场发放,称为发料。发料作

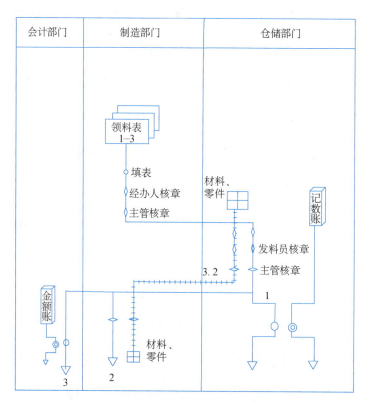

图 5-2　C 级物料领料流程图

业相对于领料作业，仓储部门能够主动掌握物料，仓储管理较为顺利，有利于加强制造部门用料、损耗、不良的控制，有利于成本会计的记账，有利于生管部门制造日程的安排。

发料作业的基础和条件：①生产计划体系已经建立且达到稳定状态。在生产计划稳定的条件下，生管部门开立的工作指派以及仓库管理部门的备料都能顺利进行，这样发料工作也就能顺利进行。②建立物料消耗定额及损耗率的标准。③生产平衡有序，避免了停工待料问题。

发料的形式主要有两种：一种是企业发料员将物料备妥并发送到制造部门，而不是让制造部门的人员到物料仓储部门领料。另一种是让制造部门人员直接到仓储部门领料。

发料的作业程序有两种：一种是工厂生管部门开立制造命令单给仓储部门，由仓储部门填写发料单。若仓储部门发觉物料不足，即将制造命令单退给生管部门，要生管部门重新填记制造命令单而改变生产计划，若仓储部门物料允足，则由发料人员备妥物料，并连同领料单、制造命令单送交制造部门准备制造。如图5-3 AB类发料流程图（一）所示。

另一种发料程序是：由生管部门根据制造日程表先开立发料表送仓储部门先核对物料，将核对后的发料表送回生管部门。若物料不足，则生管部门改变生产计划，重新开立发料表，若物料充足，则生管部门再开立制造命令单送交制造部门，发料表则送交仓储部门，其于物料备妥后发料至制造部门。如图5-4 AB类发料流程图（二）所示。

发料表一式四联，分别给制造部门、仓储部门、生管部门和会计部门。领、发物料的管理办法参见附录5-1。

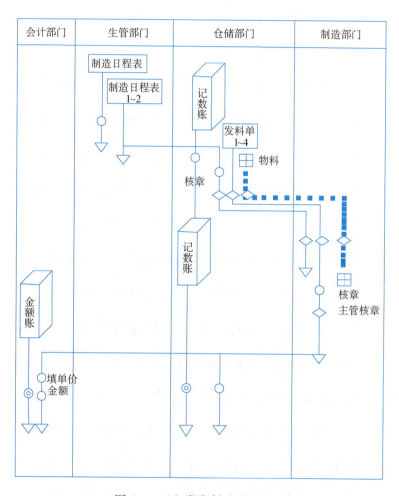

图 5-3　AB类发料流程图(一)

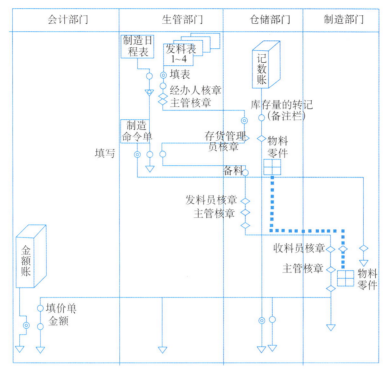

图 5-4　AB 类发料流程图(二)

三、退料管理

除了领发料管理,还有一项重要工作:退料管理,特别是加强呆料管理。

退料缴库是指由制造现场将多余的物料或不良料退回物料仓储部门缴库的作业过程。制造现场进行物料退回缴库的对象包括以下几项:

（1）规格不符的物料；

（2）不良的物料；

（3）报废物料；

（4）可加工的半成品；

（5）超发的物料；

（6）呆料。

退料的作业流程如下：

（1）退料单位填写退料单；

（2）库房依退料单查验数量、种类，无误签核后留一联，将其余三联送至退料单位、厂务部、财务部；

（3）库房作料账记录，厂务部查明原因。

退料缴库内容应包括：物料的编号、来源、名称、规格、单位、数量等。其事务流程则是经过制造部门、仓储部门、品控部门、会计部门。而其综合控制要点可参见附录5-2。

第三节　物料盘存管理

物料品种众多，每一种品种又有不同规格，各种规格的库存物料（原材料、在制品、生产辅料等）出库入库频繁，因此准确地记录各种物料信息（如名称、规格、编号、数量、存放位置等)是一件较为烦琐及细致的工作。由于工作量大,会经常出现账、物不一致现象,因此需要对物料盘存管理。

为了做好物料盘存管理工作,首先要做好物料信息记录工作;其次对物料开展 ABC 分类管理;最后对物料或库存进行周期盘点。

一、出入库信息记录

准确地记录物料信息,不仅能方便快速准确地从庞大的仓库中找到生产急需原材料、工具生产辅料,而且方便联系供应商,为订购货物提供方便。出库、入库信息的准确性也为成本核算提供了依据。出、入库信息单如表 5-1 和表 5-2 所示。

表 5-1 入库信息单

编号: 入库时间:___年___月___日

货物名称	型号	编号	数量			单价	金额	付款方式		备注
			进货量	实点数	量差			转账	现付	

审核: 送货人: 仓库管理员:

表 5-2　出库信息单

客户名称：_____　　　　　发货日期：____年____月____日
发货仓库：_____　　　　　储存凭证号码：_____
仓库地址：_____

货物名称	型号	领用单位	单价	数量	金额	是否包装	备注

二、库存 ABC 分类

ABC（Activity Based Classification）分类法又称为重点管理法。ABC 分类法是由意大利经济学家维尔弗雷多·帕累托首创的。1879 年，帕累托在研究个人收入的分布状态时，发现少数人的收入占全部人收入的大部分，也即我们经常说的"二八原则"。

1951 年，管理学家戴克（H. F. Dickie）将其应用于库存管理，命名为 ABC 分类法。按其重要程度、消耗数量、价值大小、资金占用情况，分为 ABC 三大类，实施重点管理、照顾一般。具体分类如下：

A 类：品种少，一般约占企业所需全部物资品种的 15%，而占用资金较多，约占 70%～80%。A 类物品严格控制，一般采用固定量系统控制，经常检查和盘点,保持库存记录的准确性。

B类:品种约占30%,资金约占15%～25%,可适当控制和管理。

C类:品种约占60%～65%,资金约占5%,一般采用定期检查。例如,向同一供应商同时订购各种物品,每半年或一年订购一次,如图5-5所示。

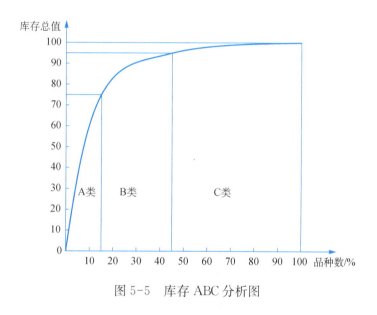

图 5-5　库存 ABC 分析图

例 5-1　有 10 种物品,年使用量及单价如表 5-3所示,请进行 ABC 分类管理。

表 5-3　物品清单

物品	每年使用量	单位成本(美元/件)
1	5 000	1.50
2	1 500	8.00
3	10 000	10.50

(续表)

物品	每年使用量	单位成本(美元/件)
4	6 000	2.00
5	7 500	0.50
6	6 000	13.60
7	5 000	0.75
8	4 500	1.25
9	7 000	2.50
10	3 000	2.00
合计		

解：计算各种物品占用的资金额（美元），以及资金占用比列（％）。

占用的资金额＝单价×每年使用量

$$资金占用比例 = \frac{资金占用额}{\sum(各物品占用资金额)} \times 100\%$$

打开 Excel 界面，我们将原始数据输入 Excel 表内，上式的计算结果如图 5-6 所示。

	A	B	C	D	E	F
1	物品	每年使用量	单位成本(美元/件)	资金占用额(美元)	资金所占比例(%)	累计资金所占比例
2	3	10000	10.50	105000	41.2%	41.2%
3	6	6000	13.60	81600	32.0%	73.3%
4	9	7000	2.50	17500	6.9%	80.1%
5	4	6000	2.00	12000	4.7%	84.8%
6	2	1500	8.00	12000	4.7%	89.5%
7	1	5000	1.50	7500	2.9%	92.5%
8	10	3000	2.00	6000	2.4%	94.8%
9	8	4500	1.25	5625	2.2%	97.1%
10	7	5000	0.75	3750	1.5%	98.5%
11	5	7500	0.50	3750	1.5%	100.0%
12	总计			254725		

图 5-6　计算结果

根据图 5-6，ABC 分类的结果如表 5-4 所示。

表 5-4　ABC 分类结果

分类	物品号码	种类的占有比	占所有资金的比例(%)
A	3、6	20%	73.2
B	2、4、9	30%	16.3
C	1、5、7、8、10	50%	10.5
总计		100%	100

三、库存的周期盘点（cycle counting）

为了保证物料库存信息的准确性，需要经常对库存进行盘点，检查库存数量与账目信息是否一致。如果出现盘亏和盘盈情况，则调整账目信息并找出差错的原因，以防止类似事情发生。

为了减少盘点工作量，不同种类的物料盘点频次是不同的。对于 A 类物品经常性检查，比如每月盘点一次，确保此类重要信息准确性；B 类物品检查频率可低一点，比如每季节盘点一次；C 类这种不重要的物品可以每半年检查一次。

例 5-2　某公司大约有 5 000 种库存物品，为了保证库存信息准确，请给该公司制定盘点策略。

解:(1) 应用库存 ABC 分类方法,将物品分为 A、B、C 三类。A 类物资有 500 种,B 类物资有 1 750 种,C 类物资有 2 750 种。

(2) 制定盘点策略,即:A 类物资的盘点周期是每个月(20 个工作日)盘点一次,B 类物资每季节(60 个工作日)盘点一次,C 类物资每 6 个月(120 个工作日)盘点一次。

(3) 计算每天 ABC 物品盘点的数量,见表 5-5:

表 5-5 盘点策略

项目种类	数量	盘点周期	每天盘点的物品数量
A	500	每月(20 个工作日)	500/20=25 件/天
B	1 750	每季节(60 个工作日)	1 750/60=29 件/天
C	2 750	每半年(120 个工作日)	2 750/120=23 件/天
			合计 77

从表 5-5 可知,每天盘点 77 件物品。这种做法与一年一次的大规模盘点相比,好处在于:①盘点工作量分散,盘点工作更有效率;②通过周期盘点,及时发现实物库存与记录情况之间的差异,有利于较早纠正,减少物品保管不当造成的损失。

第四节　智能库存管理及其新技术

一、自动化立体仓库

自动化立体仓库（Automatic Storage & Retrieval System，AS/RS）一般有几层、十几层乃至几十层高的货架储存单元，用相应的物料搬运设备进行货物入库和出库作业。由于这类仓库充分利用空间储存货物，故其又称为"立体仓库"（见图5-7）。

图5-7　自动化立体仓库

自动化立体仓库具有节约用地、减轻劳动强度、消除差错的优点,极大地提高了仓储自动化水平及管理水平,并大幅度地降低储运损耗、提高物流效率。自动化立体仓库通过企业制造的物联网,与生产线紧密相连成为计算机集成制造系统(Computer integrated manufacturing system,CIMS)及柔性制造系统(FMS)的关键环节。

二、AGV

AGV(Automated Guided Vehicle),通常也称为AGV小车。AGV上装备有自动导向系统,沿预定的路线自动行驶,将货物或物料运送到目的地,并可根据仓储货位要求、生产工艺流程等灵活改变行驶路程。与传统的输送带和刚性的传送线相比,AGV运行路径改变的费用非常低廉。

AGV一般配备有装卸机构,可以与其他物流设备自动接口,实现货物和物料装卸与搬运全过程自动化。此外,AGV依靠自带的蓄电池提供动力,运行过程中无噪声、无污染,满足清洁生产要求。比如海尔集团于2000年投产运行的开发区立体仓库中,9台AGV组成了一个柔性的库内自动搬运系统,成功地完成了每天 23 400 件的出入库货物和零部件的搬运任务。图 5-8 为 AGV 小车正在运输物料。

图 5-8　AGV 小车

三、RFID

RFID 系统的基本工作原理是：阅读器与标签之间通过无线信号进行信息交换。在仓库管理中，RFID 技术最广泛地使用于存取货物与库存盘点，实现自动化的存货和取货等操作。增强了作业的准确性和快捷性，节省了劳动力。如图 5-9 所示，手持阅读器扫描射频识别标签，就能通过扫描实现信息传入和发出。

图 5-9 使用 RFID 系统工作场景

四、定制化或个性化

定制化或个性化（Customizing）是指现代仓储由单一的保管功能，转变为拣选、配送、流通加工、包装、信息处理等多项功能，从而满足客户需求，实现仓储增值的新型仓储运营模式。比如，一个储存电脑零部件的仓库，不仅可以为客户提供软件下载和维修服务；同时可以根据客户要求提供贴标签和条形码以及包装的服务，这样当产品送到零售商店时就已经可以直接销售了。

联邦快递在孟菲斯（美国田纳西州西南部城市）机场设有仓储，使隔夜转运的产品也具有增值功能。比如你的电脑坏了，需要换一台新的电脑。联邦快递会从仓库中领取一台新电脑发送给你，第二天你会收到新的电脑。当你的旧电脑回到仓库修好后,将发给另一个客户。可见,定制化是差异化策略的一种,具有低成本和快速反应的特点。

五、直拨

直拨(Cross-Docking)是指物品在物流环节中,不经过中间仓库,直接从一个运输工具换载到另一个运输工具的物流衔接方式。在将商品存入仓库之前,分销商将收到的货物以直拨方式发送,满足客户延期交付的订单。应用直拨最典型的企业是沃尔玛。

直拨策略,显著地降低了物流成本,减少了分销成本。由于补货迅速,服务客户水平很高。目前随着仓库需要处理的订单增多,更多的分销中心运用直拨方式来提高效率。尽管直拨可以减少产品处理、库存和设施成本,但对供应商的紧密合作和即时的信息交换有较高的要求,如紧急调度和准确的入站产品标识的能力。

本章小结

1. 物料验收入库后，相关部门（生产、研发等）可依据需要，填写领料单据至库房领料，此即领料作业。仓储部门根据生产计划，将仓库储存的物料直接向制造部门的生产现场发放，称为发料。退料缴库是指由制造现场将多余的物料或不良料退回物料仓储部门缴库的作业过程。

2. 为了做好物料盘存管理工作，首先要做好物料信息记录工作；其次对物料开展 ABC 分类管理；最后对物料或库存进行周期盘点。

3. ABC 分类法。按其重要程度、消耗数量、价值大小、资金占用情况，分为 ABC 三大类，实施重点管理、照顾一般。其中，A 类品种少，一般约占企业所需全部物资品种的 15%，而占用资金较多，约占 70%~80%，A 类物品严格控制；B 类品种约占 30%，资金约占 15%~25%，可适当控制和管理；C 类品种约占 60%~65%，资金约占 5%，一般采用定期检查。

习题

1. 什么是领料？什么是发料？

2. 什么是退料缴库？试阐述退料管理流程。

3. 阐述 ABC 分类法的原理，并举例说明其具体应用。

4. 什么是直拨？举例说明直拨的具体应用。

5. 什么是定制化？举例说明其具体应用。

6. 立体仓库有哪些优势和缺点？

附录5-1　领料与发料管理办法

××工厂仓库领料及发料管理办法(例)

第一条　本工厂材料、零件的请领、拨发均依本办法办理。

第二条　生管人员根据生产计划于正式制造前三天开制制造通知单及领料单。领料单一式四联(表5-6),核章后向物料仓库的管理人员洽领物料。

第三条　物料管理人员接获领料表后,一面核对一面准备物料,在制造前适当时间,将准备好的物料送往制造部门。

第四条　制造部门核对物料数量、规格与领料单相符后在领料单上签收,第四联由制造部门领料单位存查,第三联送生管部门存查,第二联送给仓管单位,第一联送往会计科。

第五条　物料管理人员在无特殊情况时,备料与发料应按照优先发料顺序送往制造单位。制造单位因修理不良品所需物料,营业部门因售后服务所需物料,设计部门因开发新产品所需物料以及其他部门所需物料,必须先填领料单并写明用途,经主管核章后送仓储单位。物料管理员在确定该物料的请领与生产计划无任何不利的影响时,始得在领料单上核章并办理而后发料的手续。

第六条 在备料发料的过程中,发现物料短缺或待料情形,物料管理员必须立即采取行动,一方面将缺料情形告知采购部门,一方面向厂商催货。若短缺之物料已进厂,物料管理人员应促请品管人员立即安排检验,并将检验后的良品送往制造部门,无论任何情况,均严禁制造部门人员自行向进料检验单位领料,进料检验人员亦不得擅自发料。

第七条 若其他工厂为请求物料支持而借用本厂的材料零件,物料管理人员必须加以核对,在确认不影响生产计划的情形下,始得填写物料转拨单(表5-7)办理转账手续,其余领料作业与一般领料手续相同。

第八条 本办法经核准后实施,修正时亦同。

表 5-6　领料单

序号	物料编号	品名规格	请领单位	请领数量	实发数量	单价	总价	备注
物料单位主管		物料计划员		仓储员		使用单位		用途说明：

第一联:会计科;第二联:料账员;第三联:物料计划员;第四联:制造科。

表 5-7　物料转拨单

日期：　年　月　日

□收料处至仓库 □呆料至仓库		□仓库至收料处 □仓库至呆料处			□仓库至废料处 □其他		
物料编号	品名规格	数量	单位	备注	会计	
					单价	总价
承办人		物料科长		品管科长		会计

第一联:物料科;第二联:品管科;第三联:会计科。

资料来源:傅和彦.生产计划与管制(修订版)[M].厦门:厦门大学出版社,2013:194-195.

附录 5-2　退料管理办法

××工厂退料缴库管理办法

第一条　本工厂制造部门的退料,均依本办法处理(图 5-10)。

第二条　制造部门的退料内容包括:规格不符的对象,超发的对象,不良的物料,呆料。

第三条　制造部门不良的物料经领班汇总后,填写退料缴库单(表 5-8),一式四联,经制造部门主管核章后,连同不良品送往仓储单位办理退料缴库的工作。

第四条　仓储单位的管理人员收到退料缴库单与不良品时先核对无误后核章,第一联由制造部门存查,第二至四联连同不良品由仓储单位送往品管进料检验单位,委请进料单位检验。

第五条　品管检验后将不良品区分为报废品、不良品与良品三类并在退料缴库单上载明,经检验员与品管主管核章后,通知仓储单位领取。

仓储单位的管理人员核对无误,核章送请主管核章,第二联由仓储单位存查,第三联送品管部门,

第四联送会计部门。

第六条 仓储单位的管理人员根据退料缴库单第二联,不良品送不良品库并登入不良品账准备与厂商交换,良品放入料架而登入料账,报废品将送报废并登入报废品账。

第七条 规格不符的物料、超发的物料及呆料的退料缴库时,退料的领班或经办人员先将所退的物料汇总后,填写退料缴库单并在备注栏上注明规格不符或超发物料或呆料,经制造部门主管核章后,赴仓储单位办理退料缴库的工作。仓储单位的管理人员于核对无误后,第一联由制造科存查,不必经品管检验,而后经主管核章后得以将规格不符与超发的物料放入料架并登入料账,呆料送呆料库并登入呆料账。

第八条 制造部门因退料缴库的前后须办理领料的工作时,依"本厂仓库领料及发料管理办法"办理。

第九条 本办法经核准后实施,修正时亦同。

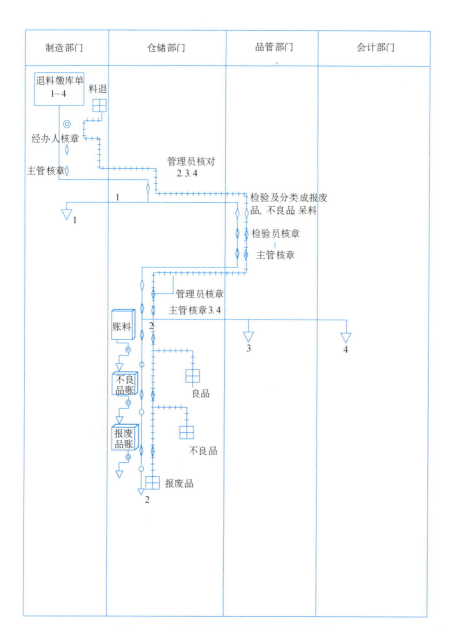

图 5-10 不良品物料退料缴库流程图

物料管理理论与实务

编号：　　　　　　　　　　　　　　　　　　　　　　　　　　日期：　年　月　日

物料	退料单位				检验判定			备注	会计	
	编号	品名规格	数量(A)	单位	报废	不良	良品	分析		单价(E)	总价(F)
制造部门	经办	主管	仓储单位	管理员	主管	品管部门	检验员	主管	内容说明：		

表 5-8　××工厂退料缴库单

第一联：制造科；第二联：仓储单位；第三联：品管科；第四联：会计科。

第六章 物料管理综合案例分析
——惠普公司供应链管理

第一节 惠普公司概况

惠普公司（Hewlett-Packard Development Company，L.P.，简称 HP）总部位于美国加利福尼亚州的帕罗阿托（Palo Alto），是一家全球性的资讯科技公司。该公司有员工 8 万多人，1998 年公司营业纯收入为 424 亿美元。2014 年 10 月 6 日，惠普分拆为两家独立的上市公司，分别命名为惠普企业和惠普公司，前者从事面向企业的服务器和数据储存设备、软件及服务业务，后者从事个人计算机和打印机业务。

公司的主要发展历程如下：

1939 年 1 月 1 日在美国加州帕洛阿托市爱迪生

大街367号的一间狭窄车库里，比尔·休利特（Bill Hewlett）和戴维·帕卡德（David Packard）两位毕业于斯坦福大学的发明家，以手边仅有的538美元，怀着对未来技术发展的美好憧憬和发明创造的激情创建了惠普公司。凭着两人的知识背景，开发出公司的第一件成型产品声频振荡器HP200A，从此在测试测量行业立足。

第二次世界大战时期，惠普作为国防部二级供应商，源源不断地接到军队的订单，公司规模不断扩大，至1945年战争结束时，其年营业额已达百万美元。第二次世界大战后，消费电子行业的复苏再次给予惠普快速发展的机会，至1956年这一阶段结束时，惠普的年营业额已达两千多万美元。

1957—1984年，HP乘科技列车快速成长，同时实现国际化和专业化发展的目标。1957年，惠普在纽约证券交易所上市，由股份制有限公司转变为上市公司；两年后惠普正式进入欧洲市场，开始了国际化进程。20世纪60年代，惠普成立了专门的研发机构——惠普实验室，实验室纯粹追求科技创新的研究，带领惠普进入计算器及相关领域。1983年，惠普与佳能公司合作，于1984年推出了公司首台激光打印机和首台喷墨打印机。

1985—1998年,惠普驰骋于电脑和打印机领域并走向成熟。1984年推出公司首台喷墨打印机和首台激光打印机之后,不断推出升级换代型产品,使竞争对手措手不及。在1994年,惠普发布了其第一款彩色激光打印机HP Color LaserJet。惠普的打印机业务飞速发展,已是公司最重要的"现金牛"。1997年以前,惠普公司的销售收入一直以每年超过20%的增长速度保持高速增长,1998年,公司更是在《财富》杂志公布的"1998年全美最受推崇的公司"的排名中位居第五位。

新世纪来临之际,惠普进行了一系列的变革:新的惠普公司专注于电脑事业及影像处理等业务。2002年,惠普新CEO——卡莉·菲奥瑞纳——一手促成了惠普对康柏计算机公司的收购,并在5年之后,夺回了全球计算机老大的位置。卡莉之后,素有"成本杀手"之称的新CEO马克·赫德先生进军IT服务业务,连续收购十几家软件公司,于2008年斥资139亿美元收购了全球著名IT外包服务提供商EDS(Electronic Data Systems Corp),惠普一跃成为仅次于IBM的全球第二大IT服务提供商

公司的组织结构按产品分为各事业部,并有职

能部门。每个产品组的分机构是该产品系列的战略事业单元,如图6-1所示。

惠普公司在合并整合后,将原来四大集团转变为新的四大集团。其中企业客户集团(CSG),负责除个人消费者以外的所有企业客户(包括中小企业)的销售业务;技术与服务集团(TSG),专注于所有企业级技术、产品,以及咨询、外包和售后支持等服务;信息产品集团(PSG),负责PC、笔记本电脑、掌上电脑等个人信息产品及渠道管理;打印及成像系统集团(IPG),负责所有打印机、耗材及个人消费类电子产品。

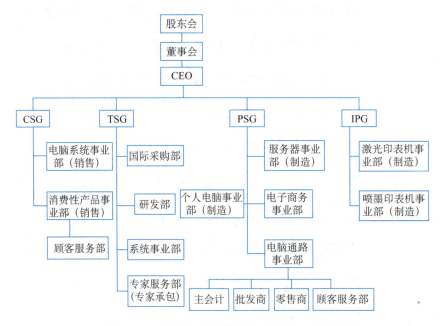

图6-1 惠普公司合并优化后的组织架构

对于四大集团内部的组织架构,形成了分权较为明确的结构,如图6-2所示。新惠普将原有的销售部门拆分成两个分管大型企业客户以及中小企业及个人客户两部分,而在惠普的整合过程中,也反映了新惠普对于大型企业客户的重视。在单独的大型企业客户部门中,大型企业客户将会在同一个平台上享受到包括打印机、个人电脑以及其他外围产品的咨询及销售服务。这是惠普的一个新的突破。

财务部门将负责整个分集团公司的财务状况,包括订单的处理部门以及出纳部门,分配非常明确详细。其他部门均负责分集团公司的各项事务,并直接受命于分集团公司的总经理。

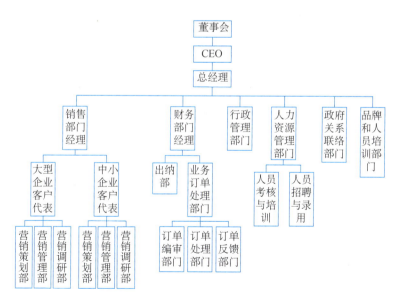

图6-2 集团内部的组织架构分析

第二节　喷墨打印机的供应链管理问题

喷墨打印机在 1988 年问世,已经成为惠普公司最成功的产品,销售稳步增长,现已超过 60 万台,销售额约 4 亿美元。不幸的是,库存也随着销量增长而增长,惠普公司的分销中心装满了大量的 DeskJet 喷墨打印机。设在欧洲的配送中心提出,要进一步提高库存水平,才能达到令人满意的产品服务水平。

供应商、生产基地、配送中心、经销商以及客户之间的网络构成了喷墨打印机的供应链(见图 6-3)。供应链管理包括:印刷电路板组装和测试,总机装配和测试,最后将产品运输到美国、亚洲和欧洲配送中心,由各经销商将产品销售给最终客户。

从图 6-3 可看出,惠普的生产基地在温哥华。生产过程有两个关键阶段:①印刷电路板的组装和测试(PCAT,printed circuit board assembly and test);②最终产品的组装和测试(FAT,final assembly and test)。

PCAT 涉及电子元件的组装和测试,这个阶段

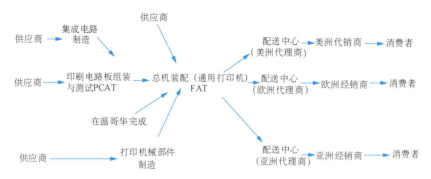

图 6-3　喷墨打印机的供应链

主要是利用专用集成电路、只读内存(read-only-memory),以及印刷电路板元件,制造打印机的主板,该主板实现打印头驱动功能。FAT 涉及打印机的其他组件的组装,这些组件包括电机、电缆、操作面板、塑料底盘、齿轮,以及在 PCAT 中组装好的印刷电路组件。完成组装后,最后进行打印机测试。PCAT 和 FAT 所需的元件来源于惠普其他部门,以及世界各地的外部供应商。

HP 配制出喷墨打印机的墨,研发出可回收再用的打印头。这些关键的技术突破,使得惠普在技术上领先于竞争对手。同时,HP 率先建立精益生产模式。将原来温哥华生产工厂改造成零库存生产,库存从 3.5 个月下降到了 0.9 个月;生产周期也急剧下降,从 8~12 周急剧下降到 1 周。参观者来访时,在一个印刷电路板元件上签名,一个半小时后，按照标准工艺，利用该印刷电路板制成的打印机即交给参观者，此举给参观者留下了深刻印象，温哥华成为看板工艺的典范工厂。

当然，温哥华工厂在其产品的生产和供应上也遇到过问题。①生产所需物料进料晚点，或者零件型号出错；②内部生产流程的问题，主要是产品合格率和机器停工时间影响产品出货；③产品需求的不确定性。前两种不确定因素，延长了生产提前期和配送周期。产品型号多，需求预测不准确，进一步加剧了库存堆积和订单积压问题。

打印机成品在温哥华生产完成后，从温哥华通过海运方式输送到亚洲和欧洲配送中心。由于海运的提前期很长，导致配送中心对不同类型产品的需求变动反应十分有限。为了确保用户的服务水平，欧洲和亚洲配送中心不得不维持很高水平的安全库存。对于北美配送中心而言，情况则简单多了，一方面，大多数需求是美国版的台式喷墨打印机，有关当地产品的变动很小；另一方面，美国离温哥华近，运输方便。

HP供应链管理一个突出问题是：高库存与缺货（低服务水平）同时存在。导致这个问题的原因，除了上述生产上不确定因素、海运时间长之外，其他重要原因就是：产品型号多，对每种产品的需求预测不准确。

不同国家的喷墨打印机，虽然基本结构相同。但是语言不同、电源要求也不同。这就涉及喷墨打印机"本土化"的问题，即对不同的非英语国家，根据不同国家电压要求（110 或 220 伏特）、电源插头要求，定制不同版本的喷墨打印机。最终将打印机和按当地语言编写的使用说明书包装在一起。如欧洲市场就有六个不同的版本，如图 6-4 中材料清单所示，分为 A、AA、AB、AQ、AU 和 AY。

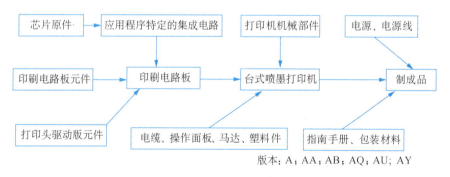

图 6-4　惠普喷墨打印机的物料清单

为了解决"多品种、小批量"生产难题，有人提出多种生产方式组合的解决方法，即前期采取备货期生产，后期采取订单式生产。还有人提出优化配送流程。

第三节 配送流程的优化

惠普配送中心发送成百上千种不同的计算机产品和外围产品,其中台式喷墨打印机占据很大的产量份额。

每个运营经理手下有六个部门经理,分别是财务、MIS(管理信息系统)、质量、市场营销、物流(physical distribution)和配送服务(distribution services),前三个部门类似于制造的相应部门,市场营销负责与顾客打交道,物流负责货物处理(physical process),包括从接收到运送。配送服务负责配送计划的制定和采购。

配送中心工作流程,总的讲来是一个简单、直线型、标准化的流程,包括四个步骤:

(1) 接收各个供应商(完工)产品,并存储这些产品;

(2) 挑选顾客需要的各种产品,完成顾客订单;

(3) 对完成订单的产品打包,并贴上标签;

(4) 选择合适的承运商,运输订单货物。

台式喷墨打印机非常符合标准流程。但是其他产品,如个人电脑和显示器,则需要"整合"这一特殊流程——即针对不同目标国家市场选配不同的键盘和用户手册。尽管这种额外工作量不大,但是很难做成标准流程,因而扰乱物流。

让配送中心做装配工作,配送中心的管理层有相当大的抵触情绪。他们强调配送中心作为仓储功能的定位,要"做他们最拿手的事——配送"。

惠普美国配送中心的一位物料经理说:"我们必须明确什么是我们的核心能力,以及我们创造了什么价值。我们首先必须明确我们是从事仓储业务,还是从事整合业务,然后再制定策略,支持我们的业务。""如果我们这里(配送中心)想开展制造加工,我们需要相应的工艺支持。"

事实上,配送中心的物料管理系统支持配送,但是没有MRP(物料资源计划)和BOM(物料清单),并不支持制造生产(将零部件装配成成品)。另外配送中心也没有足够受过部件采购培训的人员。

然而,高层管理人员认为仓库里的产品整合是极其有价值的。温哥华工厂生产喷墨打印机这种通用产品,而不是专门针对一个国家生产某种产品,需要实现批量生产,提高生产率并保证质量。另一个好处在于:通用产品运往欧洲分销中心后,在发送给顾客之前,根据顾客需要完成最后的组装。这样可以显著地降低库存量,一定程度上避免需求预测不准的难题。

前面所说的影响温哥华工厂生产的因素,如进料晚点,零件出错,产品合格率和机器停机等,经过加强供应商管理,保证了原料按期交货;加强生产管理,降低工厂停工时间,提高产量。这些方面取得的进步相当令人鼓舞。

提高预测精度仍是一个大难题。预测错误在欧洲特别明显,某些需要的产品类型缺货,而其他类型的产品库存却不断增加,这种事情经常发生。一直以来,三个配送中心设置的目标库存水平等于预测销售额加上安全库存。由于预测不准,似乎意味着安全库存需要重新考虑。

第四节 解决库存服务危机的头脑风暴

为了解决"高库存,低服务水平"问题——一些需要的产品型号出现缺货,而其他型号的库存却不断上升。来自欧洲、亚太地区和北美三地的生产部、物料部和配送中心的部门负责人聚在一起开会讨论,每人发表自己解决问题的不同方案。

生产部门声称这仅仅是"物料问题",但同时指责产品类型的持续增长。配送中心则抱怨预测准确性,他们认为,不能仅仅因为温哥华工厂不能生产满足顾客需求及顾客所需数量的产品,而让配送中心库存储备,并追踪库存。

欧洲配送公司认为欧洲的销售额已经足够可以建一个厂了。欧洲的销售/市场营销人员极力让温哥华在欧洲再建一个工厂,解决欧洲的库存和服务问题。

运输部负责人凯·约翰逊(Kay Johnson)很久前就建议向欧洲运输采用空运,取代船运。"海运需要5周时间,而空运仅需要3天。缩短提前期,意味着对各种产品不可预测的变化可作出快速反应,同时意味着库存低、产品服务水平高。空运成本是贵,但我认为是值得的。"

当然也有一部分人提倡库存越多越好,他们认为,"归根结底是现金问题(when it comes down to real dollars),库存成本并未计入收支平衡表,而销售机会的丧失却会影响收益,不要向我们说什么库存与服务平衡问题,到此为止吧。"

最后，温哥华分部的物料经理大卫·阿科迪尔(David Arkadia)进行了总结，他说："从公司整体利益角度讲，我们不能用这些非生产性的资产来运营公司，我们必须用更少的库存去满足顾客的需求。"

第五节　对　策　提　出

惠普公司温哥华分部物料部门的项目经理布伦特主持了这次会议，他看出目前主要存在两个问题：第一个问题是找出一种好方法，既能随时满足顾客对各种产品的需求，又可尽量减少库存；第二个问题更棘手，由于各部门的目标相互冲突，要想各个部门就正确的库存水平达成一致意见，并让所有部门签字，就需要有科学方案，并得到大家认可。

为此，惠普公司建立了一个团队来解决库存和服务问题，小组成员包括劳拉·罗克(Laura Rock，工业工程师)、吉姆·贝莱(Jim Bailey，计划主管)、乔斯·弗楠德(Jose Fernandey，温哥华的采购主管)。团队重点解决欧洲配送中心各式喷墨打印机安全库存水平的计算问题。该团队收集了欧洲对各种型号产品的需求数据，如表6-1所示。

表 6-1 欧洲喷墨打印机的需求数据

欧洲类型	A	AB	AU	AA	AQ	AY	总计
11月	80	20 572	4 564	400	4 008	248	29 872
12月	—	20 895	3 207	255	2 196	450	27 003
1月	60	19 252	7 485	408	4 761	378	32 344
2月	90	11 052	4 908	645	1 953	306	18 954
3月	21	19 864	5 295	210	1 008	219	26 617
4月	48	20 316	90	87	2 358	204	23 103
5月	—	13 336	—	432	1 676	248	15 692
6月	9	10 578	5 004	816	540	484	17 431
7月	20	6 095	4 385	430	2 310	164	13 405
8月	54	14 496	5 103	630	2 046	363	22 692
9月	84	23 712	4 302	456	1 797	384	30 735
10月	42	9 792	6 153	273	2 961	234	19 455

安全库存分析时，如何计算单位产品的库存成本？该公司的估计范围是12%（惠普公司的借贷成本加上仓储成本）到60%（基于新产品开发项目的预期投资回报率）。管理部门最后决定单位产品的库存成本为产品单价的50%。假定所有打印机生产成本加上运费产品单价平均为528美元/台。另一个问题则是如何确定合理的安全库存水平。该公司已决定服务水平为98%，营销部门也认可这一数字。

从原材料投入，到PCAT和FAT，这一整个生产周期总时间大约为1周。从温哥华到欧洲的分销中心运输时间是5个星期。到欧洲的货运时间较长,主要是由于海运速度慢,以及海运进入港口需要办理清关手续,还要在海关交纳关税,花费时间较多。工厂每周发送一批打印机给欧洲的分销中心。但是如果采用空运方式,则仅需要3天。两者单位产品的运费有显著差异,海运为1美元/件,空运为11美元/件。

资料来源:[美]罗伯特·雅各布斯,理查德·B.运营与供应管理基础教程[M].蔡斯(著).官振中,官德华(译).大连:东北财经大学出版社,2010:344-347。

备注:本案例根据教材"案例:HP公司——在欧洲供应喷墨打印机"改写。考虑到教材案例与斯坦福大学劳拉·考伯查克博士(Dr. Laura Kopczak)和李豪教授(Professor Hau Lee)所编写的英文原教案差异较大,改编以英文原文为主,并对本案例中的数据及管理情况作了调整,以满足教学需要。调整后数据可能与HP公司实际情况有差异,请读者酌情应用。

思考题:

1. HP的库存和服务危机有什么特征,原因是什么?具体对策有哪些?

2. 在欧洲销售 6 种型号的打印机，试建立这些打印机的库存管理模型。运用表 6-1 中的数据以及你自己建立的模型，计算 AA 型号打印机的预计年总费用。将计算得到的结果与配送中心现行的持有一个月平均库存的政策进行比较分析。

3. 会议上有不同的方案，包括：①温哥华空运打印机方案；②欧洲建厂方案；③延迟方案。请分析这些方案的优点、缺点，以及这些方案的决策关键因素。

4. 请描述 HP 供应链管理，并对比分析延迟包装策略采用前后对 HP 打印机生产、库存的影响。你对惠普有什么建议？

5. HP 公司的使命，如何描述现有 HP 公司组织结构？对比分析合并优化前后的组织结构。

6. 温哥华制造工厂如何成为生产模式的领导者？

7. HP 公司发展史对创新创业有什么启示？

参考文献

1. 洪国芳.生产管理学[M].哈尔滨工业大学出版社,1996.
2. 陈荣秋,马士华.生产运作管理(第5版)[M].高等教育出版社,2017.
3. [美]理查德·B.蔡斯,尼古拉斯·J.阿奎拉诺,F.罗伯特·雅各布斯.运营管理(第9版)[M].任建标,等译.机械工业出版社,2003.
4. 傅和彦.生产计划与管制(修订版)[M].厦门大学出版社,2013.
5. 王文信.采购管理[M].厦门大学出版社,2008.
6. 王文信.仓储管理[M].厦门大学出版社,2006.
7. [美]Fred E. Meyers,Matthew P. Stephens.制造设施设计和物料搬运(第2版)[M].蔡临宁,译.清华大学出版社,2006.

8. Jay Heizer, Barry Render. *Operations Management* (5th ed)[M]. Prentice-Hall, Inc. 1999.

9. 苏尼尔·乔普拉,彼得·迈因德尔.供应链管理——战略、计划和运作(第5版)[M].刘曙光,吴秀云,等译.清华大学出版社,2014.

图书在版编目(CIP)数据

物料管理理论与实务/吕文元著. —上海:复旦大学出版社,2021.12
(复旦卓越·21世纪管理学系列)
ISBN 978-7-309-16048-2

Ⅰ.①物… Ⅱ.①吕… Ⅲ.①物流管理-研究-中国 Ⅳ.①F259.221

中国版本图书馆 CIP 数据核字(2021)第 261700 号

物料管理理论与实务
WULIAO GUANLI LILUN YU SHIWU
吕文元　著
责任编辑/方毅超

复旦大学出版社有限公司出版发行
上海市国权路 579 号　邮编:200433
网址: fupnet@fudanpress.com　http://www.fudanpress.com
门市零售: 86-21-65102580　团体订购: 86-21-65104505
出版部电话: 86-21-65642845
上海四维数字图文有限公司

开本 787×1092　1/16　印张 9.5　字数 74 千
2021 年 12 月第 1 版第 1 次印刷

ISBN 978-7-309-16048-2/F·2860
定价: 32.00 元

如有印装质量问题,请向复旦大学出版社有限公司出版部调换。
版权所有　　侵权必究